Le droit du travail ivoirien

Collection « Études africaines »
dirigée par Denis Pryen et son équipe

Forte de plus de mille titres publiés à ce jour, la collection « Études africaines » fait peau neuve. Elle présentera toujours les essais généraux qui ont fait son succès, mais se déclinera désormais également par séries thématiques : droit, économie, politique, sociologie, etc.

Dernières parutions

Bakary CISSÉ, *L'épreuve orale de culture générale, Préparation aux concours d'entrée de l'ENA et de la Fonction publique, Tome 1 : Connaissance de l'environnement ivoirien ; Tome 2 : Problèmes majeurs de la société contemporaine*, 2018.
Jacques KABEYA I. TENDA, *Entreprises publiques, en République Démocratique du Congo, La nécessité d'un cadre de bonne gouvernance axée sur la responsabilisation et la performance,* 2018.
Diensia Oris-Armel BONHOULOU, *Le terrorisme international existe-t-il en Afrique noire ?, Essai,* 2018.
Augustin RAMAZANI BISHWENDE, Di-Kuruba Dieudonné MUHINDUKA (dir.), *Les Bavira entre tradition et modernité*, 2018.
Claude KAYEMBE-MBAYI, *Verrous et contrôles constitutionnels en Afrique. Pour des mécanismes efficients*, 2018.
Marie Romuald POUKA POUKA, *Politiques publiques et PME au Cameroun. Les impacts de la Bourse de sous-traitance et de partenariat sur la performance des PME dans le secteur industriel*, 2018.
Issofou NJIFEN, *Allocation des ressources humaines et stratégies des acteurs sur le marché du travail, Concept de surqualification et évidence empirique au Cameroun*, 2018.
Marie Désirée, SOL AMOUGOU, *Minoration linguistique, Causes, conséquences et thérapie*, 2018.
Michel MOUKOUYOU KIMBOUALA, *Le rôle des classes nominales dans le fonctionnement des langues bantoues. Le cas du kibeembe, une variante du kikongo*, 2018.

Laurent Gamet

Le droit du travail ivoirien

L'Harmattan

Du même auteur

Rupture du contrat de travail, Dalloz, 2012

Restructurer son entreprise. Aspects sociaux
(en collaboration avec Florence Aubonnet), Dalloz, 2006

Les contrats de travail conclus au titre
des dispositifs publics de mise à l'emploi.
Contribution à l'étude des contrats de travail spéciaux,
LGDJ, collection « Bibliothèque de droit privé », T. 385, 2002.

5-7, rue de l'Ecole-Polytechnique, 75005 Paris

http://www.editions-harmattan.fr

ISBN : 978-2-343-14692-8
EAN : 9782343146928

« *Quand on a un marteau dans la tête, on voit tous les problèmes de la vie sous forme d'un clou* »

Proverbe africain

L'auteur remercie ses collègues universitaires africains - et particulièrement son ami le professeur Alassane Kanté de l'Université de Dakar - pour les précieux échanges scientifiques qui lui ont permis de mieux comprendre les droits africains du travail, ses associés pour leur soutien dans le développement d'une activité de droit du travail en Afrique, et enfin Monsieur Louis Aluome pour l'aide apportée à la confection de l'ouvrage.

INTRODUCTION[1]

1.- Approche historique.- Aucun Etat de l'ancien empire colonial français, et notamment la Côte d'Ivoire, n'a envisagé lors des indépendances, une rupture franche avec le droit colonial afin d'écrire un droit nouveau. Au contraire, les codes du travail des Etats devenus indépendants ont conservé une grande proximité avec l'alma mater, le « Code du travail dans les territoires et territoires associés relevant de la France d'Outre-mer » de 1952, dont les options et même souvent la rédaction ont été reprises. La trame du Code de 1952 se devine encore au travers de différents droits nationaux d'Afrique noire d'expression française. La Côte d'Ivoire ne fait pas exception.

2.- OHADA.- L'unité fragmentée depuis les indépendances pourrait d'ailleurs se recomposer sous l'influence du processus d'harmonisation du droit des affaires, à l'œuvre au sein de la zone composée des pays de la zone Francs CFA, des Comores et de la Guinée. Non sans avoir suscité le débat, l'article 2 du Traité fondateur de Port Louis du 17 octobre 1993 inclut en effet le droit du travail dans le champ du droit des affaires promis à l'harmonisation. Des actes uniformes prévoient déjà des dispositions de droit du travail, tel celui portant organisation des procédures collectives d'apurement du passif du 10 avril 1998, ainsi que l'acte uniforme du 17 avril 1997 portant organisation des sûretés. Cependant, au-delà de ces quelques dispositions, qui, il faut le dire, ne touchent pas à l'essentiel, la perspective d'un droit du travail unique

---

[1] La présente introduction reprend certains développements d'une précédente étude : L. Gamet, « Introduction au(x) droit(s) du travail d'Afrique noire d'expression française », Droit social, 2018, p. 90 et s. (1re partie) et p. 163 et s. (2de partie).

pourrait, à mesurer les fortes oppositions qu'il suscite, tenir de la chimère. Un acte uniforme a été rédigé, mais il attend depuis plusieurs années, dans sa dernière version de Lomé de 2010, qu'une volonté politique lui donne force et vigueur. Du fait de la réticence de certains Etats à consentir à un abandon de souveraineté - en ce domaine si politique qu'est le droit du travail-, son adoption a été renvoyée *sine die*. Aussi, de façon moins avouée, les Etats ont-ils entendu les thèses chantées sur les terres africaines depuis plus de trente ans par les tenants des politiques d'ajustement, et paraissent désireux de conserver une marge de manœuvre sur une donnée qui pourrait - soutient-on -, en fonction de sa souplesse - si ce mot a ici un sens -, constituer un avantage comparatif de nature à attirer les investissements. L'affirmation de certaines libertés, dont la liberté syndicale, est également de nature à crisper certains Etats. La crainte des uns d'un nivellement par le bas, celle des autres de ne pouvoir assumer un nivellement par le haut, mais aussi le lobby patronal désireux de contenir de trop grandes avancées sociales auxquelles les syndicats n'entendent pas de leur côté renoncer aussi facilement, sont également autant de forces centrifuges en faveur du maintien, pour un temps encore, d'une mosaïque de droits du travail nationaux.

3.- Flexibilité.- L'Afrique subsaharienne a été prise, au début des années 1980, dans la tourmente d'une importante crise économique et financière. En raison d'un endettement excessif, d'une baisse du prix des matières premières, d'une envolée de la facture pétrolière pour les pays non producteurs de pétrole, de nombreux Etats de la région ont connu une situation intenable sur le plan économique. Et ce d'autant plus que beaucoup de ces Etats avaient contracté, dans les années 1970, des emprunts libellés en dollars et indexés sur les taux d'inflation européens. Le déficit de la balance commerciale et l'impossibilité de faire face à leur dette extérieure ont conduit alors les Etats africains à engager une négociation avec les groupements de prêteurs publics et privés (club de Paris et club de Londres) et à se rapprocher de la Banque mondiale et du Fonds monétaire international (FMI) pour trouver l'aide nécessaire à l'endiguement de la crise.

Les partenaires au développement, pour reprendre une expression en vogue, ont prodigué de fermes conseils aux Etats qui sollicitaient leur aide, et même de façon plus dirigiste, ont conditionné leur soutien à la mise en œuvre de « *programmes de restructuration* » et de « *plans d'ajustement structurel* ». Les créanciers ont ainsi soumis leur aide à l'acceptation d'un certain nombre de réformes qui avaient pour objectif l'assainissement des finances publiques, telles la réduction des dépenses des services sociaux, des dévaluations de la monnaie et l'ouverture des marchés domestiques. Un nouveau bréviaire (« *restructurations* », « *privatisation* », « *nouvelle politique industrielle* ») a guidé l'écriture des politiques publiques, en vue de satisfaire un slogan programmatique : « *moins d'Etat, mieux d'Etat* ». La Côte d'Ivoire, comme les autres Etats de la région, a été sous l'influence de ces dogmes distillés par les bailleurs de fonds internationaux qui ont façonné un droit, sur les modèles occidentaux, là encore, plus flexibles.

4.- Critique.- Le droit s'inscrit dans une société qui a ses propres valeurs ; porteur de valeurs dans les catégories qu'il fixe, les notions qu'il mobilise, les règles qu'il prévoit, le droit donne à voir une certaine vision du monde. Le droit est une façon de penser les rapports sociaux[2].

[2] N. Rouland, *L'anthropologie juridique*, Que sais-je ?, 1995, p. 52.

L'appréhension des responsabilités de chacun, les notions et concepts d'autorité ou de temps recouvrent sous des cieux différents, des idées et des réalités qui, en dépit de l'emploi des mêmes mots, peuvent avoir peu en commun. Le droit du travail, peut-être plus que tout autre encore, traduit une certaine conception de l'homme dans la société. Ce serait là autant d'arguments nourrissant la suspicion à l'égard d'un droit importé, trop peu africanisé. Partant, il pourrait être appelé à la reconstruction d'un droit africain autour d'un paradigme qui tienne compte notamment des réalités de la société africaine, des valeurs de confiance et de solidarité qui l'innervent.

Toutefois, eussent-ils été pensés en Occident, les fondements du droit du travail moderne[3] et les règles régissant le travail subordonné ne perdent pas de leur sens et de leur pertinence en Afrique : n'est-il pas justifié sous toutes les latitudes, dans le contexte d'une société salariale, de protéger la santé et la sécurité des travailleurs, d'encadrer le pouvoir patronal en en prévenant les excès ? On perçoit mal quelle spécificité africaine justifierait que l'on y déroge. La société traditionnelle a largement cédé le pas à une société salariale, quand bien même subsisterait un rapport singulier des Africains, et notamment des Ivoiriens, à la solidarité et, plus généralement, à une certaine forme d'humanité. Le discours stigmatisant un droit vu comme une force de désintégration d'une société traditionnelle pourrait justifier, à défaut d'alternative jamais présentée, le rejet des individus dans les rapports d'échange peu protecteurs de l'économie informelle.

---

[3] A. Supiot, « Pourquoi un droit du travail ? », Droit social, 1990, p. 485.

5.- Flexible droit.- Appliquée, la règle de droit s'accommode cependant à son contexte[4]. Traces d'un droit flexible[5], des usages prospèrent pour accommoder les règles légales à la société africaine. Le travailleur africain attend du chef d'entreprise qu'il se comporte comme un chef *tout court*, qu'il fasse preuve à son égard de bienfaits, de bienveillance, d'assistance, de sollicitude et même de compassion, attitudes nullement prescrites par la loi. Les manquements à ces devoirs ne sont pas passibles d'une sanction par un tribunal, mais ils susciteront l'opprobre des travailleurs et, l'on peut en être convaincu, la défiance porte davantage à conséquence que le non-respect d'une prescription légale, dont le plus souvent nul ne se plaindra. Attacher de l'importance à la seule règle de droit, c'est risquer les déconvenues. Confiance et solidarité restent des valeurs structurantes en Afrique. Nul ne comprendrait que l'on blâme un travailleur obligé (là encore, non par la loi) de s'absenter pour honorer un mort à l'occasion de funérailles (qui peuvent paraître sans fin pour celui qui vient d'ailleurs) ou pour résoudre une difficulté de sa collectivité. Nombreux sont les usages consistant en l'octroi de prêts à l'occasion de la rentrée des classes, de funérailles ou bien encore pour la naissance d'un enfant.

Flexible droit : ce qui est vrai pour le droit individuel du travail l'est aussi pour le droit collectif du travail. Notamment, le droit de la négociation collective s'inspire largement du modèle d'autonomie déléguée hérité du droit français, et reprend des solutions largement semblables au droit de l'ancienne métropole. Mais la mise en œuvre du

---

[4] Ph. Auvergnon, « Modèles et transferts normatifs en droits du travail de pays africains », Bulletin de droit comparé du travail et de la sécurité sociale, 2005, p. 117.

[5] J. Carbonnier, *Flexible droit. Pour une sociologie du droit sans rigueur*, LGDJ, 1992, pp. 23-25.

droit de la négociation collective ne conduit pas à des résultats comparables, compte tenu du contexte politique dans lequel le droit s'inscrit.

S'agissant de la négociation collective nationale et interprofessionnelle, le constat est celui d'une multitude de conventions collectives qui datent pour la plupart, en Afrique noire d'expression française, d'une période allant de la fin des années 1960 au début des années 1980 (1977 en Côte d'Ivoire). Après cette période qui a vu se conclure des conventions toujours en vigueur, la négociation collective nationale interprofessionnelle paraît s'être sclérosée. Non seulement, il n'a pas été conclu de nouveaux accords, sur tel ou tel autre sujet nouveau ou délaissé il y a plus de vingt ans, mais aussi, à défaut d'avoir été renégociées depuis, les conventions collectives sont devenues obsolètes sur de nombreux points. La loi n'oblige nullement à la renégociation des conventions collectives et ses signataires paraissent peu enclins à retrouver la table des négociations. Les grilles salariales, quand elles sont prévues par la convention collective, sont en décalage avec les données contemporaines.

En dehors de la négociation nationale interprofessionnelle, épars sont les conventions et accords collectifs de travail. Au niveau sectoriel, les pouvoirs publics manifestent une appréhension à laisser prospérer la négociation collective, perçue comme un facteur de fragmentation des conditions d'emploi entre les différents secteurs de l'économie, comme porteuse de risques de surenchères, de jalousies et, partant, de troubles à l'harmonie du pays, d'atteintes à la paix sociale et de déstabilisation. L'uniformisation est recherchée pour éviter des situations sociales conflictuelles. Au niveau de l'entreprise, les conventions collectives et accords collectifs de travail sont plus encore épisodiques.

Sans doute ne faut-il pas tant voir là un indicateur de l'absence de dialogue social à ce niveau, mais davantage le fait que les parties ne ressentent pas la nécessité d'inscrire leurs accords dans le cadre de la négociation collective prévue par la loi, qui peut paraître exotique dans des sociétés où l'on croit à la parole donnée et où l'on prend au sérieux l'usage comme source de droits. Aussi le dialogue social est-il le plus souvent entretenu dans les entreprises par les délégués du personnel, qui ne peuvent négocier et conclure les conventions et accords collectifs de travail, alors que la présence syndicale est rare, notamment lorsque le tissu des entreprises est surtout composé d'entreprises de petite taille, où la présence syndicale n'est pas prévue par la loi.

6.- Le non-droit.- D'abord ébloui par le chrome des lois, le juriste qui observe l'Afrique met rapidement en doute la réalisation dans les pratiques sociales des règles énoncées par les codes. Le juriste s'aventure ainsi dans « *la nuit paisible du non-droit* »[6]. Il paraît alors impératif de mesurer les écarts entre le droit et la pratique, de questionner les relations existant entre droit et société, entre sphère juridique et sphère sociale[7], de vérifier que les règles sont intégrées dans le champ des pratiques sociales.

Dans les campagnes, subsiste une organisation sociale très en marge de la société salariale. L'activité agricole occupe une large frange des populations rurales. Les rapports de travail échappent ici au droit du travail, et il ne viendrait à l'esprit de quiconque de les y soumettre. Echappe aussi à la sphère de la société salariale, la situation des nombreux entrepreneurs sans capital qui partout proposent leurs

---

[6] J. Carbonnier, *op. cit.,* p. 23-25.
[7] P. Lascoumes, E. Serverin, « Théories et pratiques de l'effectivité du droit », Droit et société, n° 2, 1986, p. 101.

services de réparateur, cireur, coiffeur, menuisier, ou les innombrables vendeurs qui pullulent dans les villes, où ils tentent de *« se débrouiller »*, et dont le stock de marchandises se réduit aux quelques produits placés autour du cou, posés sur un carton à même la terre, sur le devant d'un petit local ou de façon plus installée sur une place de marché.

Le droit du travail est généralement appliqué par les grandes entreprises, qui ont d'ailleurs besoin de ces règles pour donner un cadre à l'emploi de plusieurs centaines voire plusieurs milliers de salariés. Plus aléatoire est en revanche l'application du droit par les plus petites entreprises, plus encore évidemment lorsqu'elles exercent leur activité de manière occulte, encore qu'il conviendrait de mesurer l'influence du droit, comme modèle, sur les relations informelles. S'il faut se contenter d'une approche empirique pour mesurer l'écart de la pratique des acteurs sociaux par rapport à la règle de droit, une approche pessimiste des choses pourrait conduire à considérer que, finalement, seule une proportion marginale des rapports de travail est soumise au droit du travail. Nombreux sont ainsi les gardiens d'habitation et d'immeubles à Abidjan, employés par les sociétés immobilières dont l'activité est notoire et régulièrement déclarée, employés sans contrat de travail et fiche de paie, à qui est versée une rémunération inférieure au minimum légal (pourtant déjà faible). Il existe même certains secteurs où il paraît incongru de recourir à l'emploi salarié, pourtant prescrit par la loi ; c'est le cas de la domesticité : à l'exception de rares étrangers désireux d'être en règle, les cuisinières, femmes de ménage, chauffeurs, *boys*, gardiens, tous employés en nombre, le sont le plus souvent hors de tout cadre légal.

On peut s'étonner que l'emploi se développe dans de telles proportions dans le secteur informel ou que des pans entiers de la législation soient ignorés, alors que la loi prévoit des droits au profit des salariés, un contrôle par l'administration du respect de ces droits et la faculté pour le travailleur de saisir le juge afin de les faire respecter. Mais la règle de droit ne s'applique que si elle est sociologiquement praticable[8].

Or, en premier lieu, le droit est largement ignoré des travailleurs, qui ne sont pas vraiment conscients de leurs droits, dont l'accès est difficile. Si les textes de loi sont publiés sur l'Internet (qui n'est pas cependant accessible partout), les textes réglementaires et les conventions collectives sont souvent peu accessibles et la jurisprudence non publiée. Seuls les professionnels peuvent se constituer une documentation somme toute sommaire (loi, principaux décrets, convention collective nationale interprofessionnelle).

Indépendamment de l'accès au droit, l'intelligibilité de la loi reste un obstacle majeur : beaucoup ne la comprennent pas, parce qu'écrite en français, langue officielle que peu lisent dans des pays où l'analphabétisme est endémique. Encore plus inintelligible est la langue du droit. L'insuffisante vulgarisation des textes est un obstacle à leur application. Et quand bien même le salarié serait conscient de ses droits, reste prégnante une certaine déférence vis-à-vis de l'employeur qui n'incite guère à réclamer le bénéfice de ceux-ci. Souvent la relation d'emploi est vécue par les personnes les moins instruites sur le modèle d'une relation aîné / cadet, en rapport avec le modèle de la société

[8] R. Sabatier, « Les creux du droit positif au rythme des métamorphoses d'une civilisation », in *Le problème des lacunes en droit*, Bruxelles, Bruylant, 1986, p. 534.

africaine où la place de chacun se définit par rapport à un groupe. Réclamer ses droits, c'est défier l'autorité du chef, de l'aîné. Plus prosaïquement, celui qui viendrait malgré tout à revendiquer sait qu'il compromet la relation de travail, ce qui est grave dans des pays où le chômage est endémique et où beaucoup vivent d'expédients. Risquer sa place, plus encore dans le secteur formel, serait incompris de tous.

Ce pourrait être le rôle de l'administration que de veiller au bon respect du droit. Mais elle n'a pas les moyens du rôle que lui octroie la loi. Il existe bel et bien une inspection du travail[9], comme y obligent les conventions internationales ratifiées, qui se voit reconnaître des compétences voisines dans les grandes lignes de celles que l'on connaît ailleurs, outre un rôle spécifique de conciliation préalable à la saisine des tribunaux. Mais la réalité est celle d'une administration difficilement en capacité d'exercer la mission de contrôle du respect de la réglementation.

C'est alors avec le juge qu'il faudrait compter pour que le droit retrouve une emprise sur les rapports de travail subordonné. A lire les décisions de justice rendues ces dernières années, le contentieux du travail paraît de prime abord abondant, ce que confirme la lecture des rôles d'audience de ces mêmes juridictions. Les salariés du secteur formel saisissent le juge du travail pour principalement contester leur licenciement et les salariés du secteur informel, pour demander la reconnaissance d'un contrat de travail et que le juge en tire toutes les conséquences sur le plan salarial, indemnitaire et de la

---

[9] Ph. Auvergnon, S. Laviolette, M. Oumarou, *Les fonctions assurées par des inspecteurs et contrôleurs du travail dans le système d'administration du travail en Afrique francophone subsaharienne*, BIT, novembre 2007.

sécurité sociale. Cependant, de façon empirique, il semble que, rapporté au nombre de travailleurs employés dans le secteur informel ou dont les droits sont méconnus, le contentieux reste marginal.

Les causes en paraissent multiples et tiennent là encore aux réalités africaines. Réalités des hommes, tout d'abord. La fatalité reste un trait de la société africaine. Même quand un grave accident du travail survient et que le travailleur est sérieusement blessé, quand bien même il n'est pas décédé, beaucoup accueilleront la situation avec fatalité (ce qui est un obstacle dans la définition et l'application d'une politique de prévention en matière de santé et de sécurité) et préféreront s'intéresser à comment faire face à la situation plutôt que de solliciter une indemnisation en justice. La saisine du juge reste, plus encore dans les campagnes, une démarche singulière. On préfère depuis toujours, et de loin, la recherche d'une solution consensuelle, plus encore si le conflit se loge dans le groupe ; la saisine du juge est un acte d'insoumission qui peut conduire à l'ostracisme de la personne. Souvent, celui qui est en conflit avec son employeur se rend à la gendarmerie qui convoque l'employeur pour trouver un accord. Il serait intéressant d'étayer par une recherche de terrain le fait que les gendarmes – généralement craints et respectés par la population - ont un rôle déterminant dans l'application du droit du travail. La loi confie un rôle plus institutionnel de tentative de conciliation à l'inspection du travail. Mais c'est aussi dans la parenté, dans le groupe, au sein du village, dans l'ethnie que l'on va chercher celui le mieux à même de relayer les doléances et de tenter de régler le litige même si, le droit du travail n'étant pas coutumier, les instances coutumières n'ont pas en principe à intervenir.

On ne peut non plus ignorer que, à tort ou à raison, le travailleur africain craint une justice qu'il assimile à la défense des puissants. Il sait en tout cas, et il ne sera pas démenti, que le temps de la justice est long, qu'il n'obtiendra gain de cause qu'à l'issue d'un procès de plusieurs années, un appel étant quasi-systématique et l'exécution provisoire des décisions de première instance souvent limitée. Aussi beaucoup ont-ils peur des répercussions pour eux-mêmes et les leurs de s'attaquer à plus puissant que soi et la crainte d'être black-listé est bien réelle.

Ce sont aussi des réalités matérielles qui expliquent le peu d'engouement des travailleurs d'Afrique noire à saisir le juge, et notamment l'éloignement du juge. Se rendre au tribunal est un périple ; en brousse, une distance de quelques kilomètres peut prendre des heures et les routes sont impraticables après de grandes pluies. En l'absence de réseau efficace de transports publics, se rendre au tribunal représente aussi un coût que peu sont en mesure d'assumer. Ce qui est vrai pour le premier juge l'est plus encore pour le juge d'appel. Et engager un avocat est un sacrifice.

7.- (In)sécurité sociale.- L'emploi salarié, en Afrique de l'Ouest et notamment en Côte d'Ivoire, ne protège pas l'individu contre les aléas de l'existence comme ce que l'on connaît dans certains pays d'Europe, telle la France. La protection sociale est indigente et la rupture du contrat de travail, même injustifiée, donnera lieu le plus souvent à une faible indemnisation (en rapport avec des salaires très bas). L'important pour le travailleur est le revenu qu'il tire de son travail, revenu qui n'est pas nécessairement moins important quand l'activité est exercée dans le secteur informel. La protection du travailleur africain se trouve dans le groupe ; ce n'est pas le travail qui protège, mais le groupe. Le travail peut ainsi s'exercer en dehors du cadre légal, sans que l'individu ne perde la protection sociale que lui assure le groupe. C'est un point cardinal pour comprendre que les rapports de travail puissent avec une telle ampleur se placer en dehors du champ du droit.

Le travail permet, en Afrique comme ailleurs, d'assurer sa subsistance, les fruits du travail profitent non seulement à celui qui accomplit le travail, mais aussi à son groupe d'appartenance, au sein duquel existe un fort lien de solidarité, qui oblige ceux qui lui appartiennent à subvenir, dans la limite de leurs facultés contributives, au besoin des autres. Travailler, c'est avoir un revenu pour soi, mais aussi un revenu pour subvenir aux besoins de l'autre parmi le groupe. Dans les campagnes, les liens sont restés communautaires. Les membres du groupe participent à l'exploitation commune et en partagent les fruits. La propriété est parfois collective et quand elle ne l'est pas, le produit de la terre est partagé entre tous ceux engagés dans le travail commun du groupe. Le travail au profit de l'un est le juste retour du travail de l'autre. Les rapports relèvent ainsi de l'échange, de l'entraide au sein de la famille ou plus largement du groupe. En marge de l'ordre juridique, des règles et codes sociaux obligent à donner, à recevoir et à rendre de sorte que les individus sont obligés les uns par rapport aux autres avec une intensité à laquelle parviendrait difficilement la règle de droit. La validité immémoriale de ces coutumes transmises de génération en génération est justifiée par « *l'éternel hier* » et est sanctifiée par l'habitude enracinée en l'homme de les respecter.

Du fait des migrations vers les villes et des émigrations depuis les années 1970, le contrôle du groupe sur ses membres exilés a perdu de sa force. Il n'en demeure pas moins que, même si la pression du groupe se relâche avec l'éloignement, la solidarité continue à jouer avec ceux qui, éloignés pour aller travailler à la ville, continuent à envoyer de l'argent au village pour subvenir aux besoins qui ne relèvent pas du troc et nécessitent de l'argent, comme l'achat d'outils agricoles ou bien encore l'habillement et les soins (ce que traduit une formule souvent entendue en Afrique : « *les enfants sont la sécurité sociale des parents* »). Les moins de 30 ans installés à la ville sont inscrits dans des associations de village où perdure la solidarité avec un groupe que beaucoup n'ont même jamais rencontré. Cette solidarité, plus encore dans le contexte des politiques d'ajustement structurelles et d'un désengagement des aides sociales apportées par les Etats, permet d'assurer la protection des membres du groupe contre les aléas de l'existence et la précarité des revenus. Alors que les protections attachées à l'emploi sont faibles, pour ne pas dire inexistantes, on comprend que pour le journalier agricole ou le vendeur à la sauvette, l'important n'est pas tant un emploi dans le secteur formel, qui n'a pas la valeur d'une propriété sociale comme en Europe par l'alliage du droit du travail et du droit de la sécurité sociale, mais de conserver les liens de solidarité qui permettent de prévenir l'insécurité sociale. En rupture avec les groupes d'origine et à la fois privé des liens traditionnels de solidarité et de la protection, fût-elle faible, que pourrait lui offrir un emploi dans le secteur formel, le prolétariat urbain est la figure de l'individu en proie à l'insécurité sociale.

Chacun est ainsi obligé de prendre en charge ceux parmi le groupe qui n'ont pas (ou peu) de revenus. Il ne viendrait d'ailleurs à l'esprit de quiconque de ne pas partager (du moins, les choses sont ainsi présentées à l'observateur occidental, impuissant à sonder la profondeur des âmes). Celui qui s'y déroberait ou qui ne travaillerait pas alors qu'il en a les capacités se confronterait vite à l'opprobre de la collectivité. Son comportement serait perçu comme un dérèglement de l'ordre établi, une atteinte à la cohésion du groupe mis en péril.

S'il existe finalement un intérêt de l'individu pour l'emploi formel, c'est en raison de la position sociale qu'il lui apporte, là encore vis-à-vis du groupe. L'emploi dans le secteur formel participe au plus fort à la position sociale des personnes, traduction probable de l'imaginaire collectif encore imbibé des conceptions de la période coloniale, durant laquelle celui qui avait un travail dans l'économie formelle, c'était l'Européen ; on dit d'ailleurs parfois encore *« travail des blancs »* pour parler de l'emploi salarié dans l'économie formelle, que l'on opposait auparavant au « travail indigène ». Et de ceux qui sont renvoyés dans le secteur informel, on ne dit pas tant qu'ils travaillent, mais plutôt qu'ils se « *débrouillent* ». L'emploi dans le secteur formel ancre la personne dans la modernité, en opposition à la tradition, plus encore quand l'emploi est exercé dans un bureau. Surtout, l'emploi dans l'économie formelle est l'assurance d'un revenu et de divers avantages sur lesquels le groupe, et non seulement le salarié qui perçoit ce revenu, va pouvoir compter. On attend alors qu'il donne des preuves de son statut social par des démonstrations ostentatoires lors de fêtes ou de funérailles. Pouvoir aider son groupe d'appartenance en lui versant une partie de son salaire, ou en sollicitant divers avantages de l'employeur, qui seront partagés permet à l'individu d'être valorisé par son groupe d'appartenance. Lorsque la personne, du fait de son emploi salarié, peut aider financièrement son groupe d'appartenance, il a davantage voix au chapitre, il est associé aux décisions concernant le groupe, la situation professionnelle peut même primer sur les rapports d'aînesse.

8.- L'infra-droit.- La réaction contre le non-droit est d'abord l'affaire des Etats. Elle est conditionnée à une (réelle) volonté politique d'inscrire les rapports de travail sur le terrain du droit. Les Etats pourraient y être contraints par le droit international public. Notamment, les différents Etats d'Afrique noire d'expression française, dont la Côte d'Ivoire, appartiennent à l'Organisation Internationale du Travail (O.I.T.) et ont ratifié certaines conventions (sans toujours montrer un même emballement, comme si certains dirigeants prenaient au sérieux le droit international et l'impossibilité de s'y conformer). Cependant, ils ne sont pas les plus montrés du doigt par les rapports de l'O.I.T., et assez rarement visés par une plainte. Dialogue, persuasion sont les maîtres mots et des programmes sont conçus pour soutenir les évolutions amorcées[10].

La communauté internationale est assurément légitime à intervenir pour tenter d'éradiquer l'une des plaies d'Afrique, le travail des enfants, prohibé par différentes conventions de l'OIT ratifiées par les états concernés (v. la convention n° 138 sur l'âge minimum et la convention n° 182 sur les pires formes de travail des enfants). La Côte d'Ivoire et le Ghana, qui représentent 62 % de la production mondiale de cacao, sont confrontés à l'esclavage des enfants dans ce secteur. Les mauvais climats, les troubles politiques dans les pays producteurs et les spéculations sur les matières premières ont mis à mal ces dernières années le marché du cacao. Le travail est peu rémunéré dans les plantations et le plus souvent ce sont les petites exploitations qui vendent leurs fèves à des entreprises de transformation. Pour réduire les coûts de production, elles emploient les enfants des pays voisins (Mali, Burkina Faso et Togo) arrachés à leur famille avec la vaine promesse,

---

[10] L. Gamet, « Droits de l'Homme au travail, urbi et orbi », Droit social, 2016, p. 1029.

souvent, d'un vélo et d'une scolarité. Dans une plantation de cacao, les journées de travail dépassent souvent les 10 heures, la plupart des enfants qui y travaillent ont moins de 14 ans, utilisent des machettes pour fendre les fèves de cacao récoltées en haut des arbres, transportent de très lourds sacs de cabosses de cacao et vaporisent des insecticides sans protection.

La Côte d'Ivoire, premier producteur mondial de cacao, cherche à donner l'exemple dans la lutte contre le travail des enfants. Madame Ouattara, épouse du Président de la Côte d'Ivoire et Présidente du Comité National de Surveillance, s'est fortement engagée en faveur de cette cause. Elle s'est néanmoins fait le relais auprès du Bureau International du Travail de l'incompréhension de la population ivoirienne sur le fait que l'on applique la convention n° 138 (sur l'âge minimum d'admission des enfants à l'emploi et au travail) et la convention n° 182 (sur les pires formes de travail des enfants) à la situation des enfants qui accompagnent leurs parents (même une heure par semaine) dans les travaux champêtres, situation différente de celle où les enfants sont victimes d'une exploitation. Selon les autorités ivoiriennes, des travaux légers, comme le séchage ou les tris du cacao, sont acceptables entre 12 et 16 ans ; même s'il ne faut pas, soulignera-t-on, occulter les kilomètres parcourus à pied par les enfants concernés pour rejoindre leur lieu de travail. Egalement, interdire au moins de 16 ans l'utilisation de la machette, pourtant outil dangereux, n'entrerait pas dans la logique africaine. Des discussions portent ainsi avec le Bureau International du Travail sur des accommodements raisonnables pour tenir compte des pratiques culturelles dans le monde agricole.

Malgré les efforts conjugués des structures de l'Etat, des partenaires sociaux, des ONG et de la société civile, la persistance du travail des enfants tient à plusieurs facteurs. La pauvreté est évidemment déterminante, les revenus dégagés par le travail infantile étant essentiels à la survie de la famille. En Côte d'Ivoire, au cours des années de crise, le travail des enfants a explosé quand les recettes agricoles se sont effondrées. Les enfants font partie des stratégies de survie des parents. Pour certaines familles, l'éducation est tout simplement inaccessible ; même gratuite, elle coûte la perte d'un revenu. Demeurent également ancrées les croyances populaires, les coutumes locales et les traditions selon lesquelles le travail forge le caractère et permet aux enfants d'acquérir des compétences, et la tradition selon laquelle les enfants sont censés suivre les traces de leurs parents et donc apprendre avec eux à un âge précoce.

Depuis longtemps déjà, est promue au plan international la responsabilité sociale des entreprises (RSE), entendue comme la prise en considération par les entreprises des conséquences négatives que peut générer leur activité sur les personnes ou sur l'environnement[11]. Le Pacte mondial des Nations unies adopté en juillet 2000 exhorte les entreprises à « *promouvoir et à respecter la protection du droit international relatif aux droits de l'Homme dans leur sphère d'influence* » (sont visés ici les cocontractants impliqués dans la chaîne de valeur) et à « *veiller à ce que leurs propres compagnies ne se rendent pas complices de violations des droits de l'Homme* ». Les Principes directeurs de l'OCDE à destination des entreprises multinationales, élaborés en 1976 et révisés en 2011, ainsi que la Déclaration de principes tripartite de l'OIT sur les entreprises multinationales et la politique sociale (de 1977

---

[11] COM (2011) 261, *Responsabilité sociale des entreprises : stratégie européenne 2011-2014*.

révisée en dernier lieu en 2006) s'inscrivent dans la même veine. L'Union européenne, également, a publié dès 2001 un livre vert sur la responsabilité sociale des entreprises[12], et l'Organisation internationale de normalisation (ISO), le 12 décembre 2008, a établi des lignes directrices de la norme ISO 26 000 en matière de RSE. Sous cette impulsion internationale (et de façon réflexive, les textes internationaux s'enrichissant au gré des initiatives privées), de nombreux engagements volontaires relatifs à la RSE ont été pris (formalisés dans des actes unilatéraux, bilatéraux ou multilatéraux, conclu avec des syndicats internationaux ou des ONG).

En ce sens, les grands acteurs de l'industrie du cacao se sont engagés dans le cadre du protocole Harkin-Engel de 2001 *« à éliminer les pires formes de travail des enfants et de travail forcé dans la culture et la transformation des fèves de cacao »*. Mandaté par le Gouvernement américain pour rendre compte des effets du protocole Harkin-Engel de 2006 à 2011, le Centre Payson de l'Université de Tulane estimait en 2011 qu'environ 1,8 million d'enfants de moins de 15 ans travaillaient encore dans l'industrie de cacao en Côte d'Ivoire et au Ghana. Le 12 septembre 2011, les grands de l'industrie du chocolat, ADM, Ferrero, Kraft Food, Mars Incorporated et Nestlé se sont alors engagés à investir deux millions de dollars pour un nouveau projet de lutte contre le travail des enfants en Afrique de l'Ouest en collaboration avec le Bureau International du Travail. Nestlé s'est également associé avec l'ONG Fair Labour Association pour lutter contre le travail des enfants de la chaîne d'approvisionnement en cacao de Nestlé.

---

[12] COM (2001) 366, *Promouvoir un cadre européen pour la responsabilité sociale des entreprises.*

Jusqu'alors, ces engagements relevaient de la bonne volonté des acteurs et la régulation du droit mou, de l'infra-droit. Le droit français a récemment opté pour un régime plus contraignant en plaçant ces engagements dans le champ du droit. Après la catastrophe du Rana Plaza en 2013, quatre groupes parlementaires ont déposé entre novembre 2013 et avril 2014 des propositions de loi prévoyant d'introduire une obligation de vigilance dans le Code de commerce. L'une des propositions a été adoptée par l'Assemblée nationale le 30 mars 2015 et rejetée par le Sénat fin 2015. Après échec de la Commission mixte paritaire, la proposition de loi a été adoptée en nouvelle lecture par l'Assemblée nationale le 29 novembre 2016, rejetée par le Sénat le 1er février 2017 et finalement votée le 21 février 2017 par l'Assemblée nationale[13].

La loi impose désormais à certaines sociétés d'établir et de mettre en œuvre de manière effective un plan de vigilance. Il s'agit, d'une part, des sociétés, dont le siège social est fixé sur le territoire français, qui emploient au moins cinq mille salariés en leur sein et dans leurs filiales et, d'autre part, des sociétés, dont le siège social est fixé sur le territoire français ou à l'étranger, qui emploient au moins dix mille salariés en leur sein et dans leurs filiales. Le plan comporte « *les mesures de vigilance raisonnable propres à identifier les risques et à prévenir les atteintes graves envers les droits humains et les libertés fondamentales, la santé et la sécurité des personnes ainsi que l'environnement, résultant des activités de la société et de celles des sociétés qu'elle contrôle, directement ou indirectement, ainsi que des activités des sous-traitants ou fournisseurs avec lesquels est entretenue une relation commerciale établie, lorsque ces activités sont rattachées à cette relation* ». Ce plan et le

---

[13] L. Gamet, « Surveiller et prévenir », Semaine Sociale Lamy, 6 mars 2017 n° 1759, p. 7.

compte rendu de sa mise en œuvre effective sont rendus publics et inclus dans le rapport remis à l'assemblée générale de la société mère ou de la société donneuse d'ordre.

Les sanctions sont très lourdes. En effet, une société peut être mise en demeure de respecter son obligation d'établir et de mettre en œuvre de manière effective un plan de vigilance. Si elle n'y satisfait pas dans un délai de trois mois à compter de cette mise en demeure, le tribunal de grande instance (éventuellement le Président du tribunal statuant en référé) peut, à la demande de toute personne justifiant d'un intérêt à agir (en pratique, si l'on regarde les travaux parlementaires, une organisation syndicale ou bien encore une ONG), lui enjoindre de respecter ses obligations, le cas échéant sous astreinte. Egalement, le manquement aux obligations d'établir et de mettre en œuvre de manière effective un plan de vigilance engage la responsabilité de son auteur et l'oblige à réparer le préjudice que l'exécution de ses obligations aurait permis d'éviter.

9.- **Plan.-** Replacée au terme de cette introduction dans son environnement historique et sociologique, la présentation du droit du travail ivoirien suivra très largement le plan de la loi n° 2015-532 du 20 juillet 2015 portant Code du travail[14]. Les articles cités, à défaut de précision, renvoient à cette loi. Elle a totalement remplacé la loi n° 95-15 du 12 janvier 1995, qui s'était elle-même substituée à la loi du 1er août 1964 adoptée dans le contexte de l'indépendance. Les décrets d'application de la loi du 20 juillet 2015 n'étant pas encore publiés, la pratique est de faire application, dans la mesure où ils ne sont pas

[14] L. n° 2015-532 du 20 juillet 2015, portant Code du travail, Journal Officiel de la République de Côte d'Ivoire, 14 septembre 2015, p. 1197 et s.

incompatibles avec la loi, des décrets pris en application de la loi du 12 janvier 1995 auxquels il sera régulièrement fait référence. Enfin, le droit légal et réglementaire s'articule avec la convention collective nationale interprofessionnelle de 1977 dont les stipulations, pour peu qu'elles ne soient pas tombées en désuétude, seront également mentionnées.

L'objectif ici poursuivi est celui d'une présentation ordonnée du droit positif. La lecture de l'ouvrage devrait suffire pour avoir une connaissance raisonnée des principaux aspects du droit ivoirien du travail. L'application du texte est parfois rendue difficile, sinon impossible, en l'absence des règlements prévus par la loi. Le commentaire ne peut y suppléer. Aussi le texte soulève-t-il d'inévitables difficultés d'interprétation, auxquelles une jurisprudence peu abondante sur la plupart des points peine à guider l'interprète de la règle, même si sur de nombreux aspects, la règle de droit ivoirienne s'inspirant de la règle de droit française, la jurisprudence de la Cour de cassation française, qu'il était impossible de rappeler ici dans son entier, peut orienter l'interprétation.

Dispositions liminaires : Champ d'application du Code du travail ivoirien et articulation des sources

10.- Champ d'application. – Le Code du travail ivoirien est applicable sur tout le territoire de la Côte d'Ivoire (art. 1). La loi vise cependant la situation où le salarié serait temporairement employé en Côte d'Ivoire, alors que lieu habituel d'exécution du contrat de travail serait à l'étranger. La règle de droit international privé ivoirien fixée par l'article 1, alinéas 3 et 4, a le mérite de la simplicité : le principe est que le Code du travail régit l'exécution occasionnelle, sur le territoire de la République de Côte d'Ivoire, d'un contrat de travail conclu pour être exécuté dans un autre Etat. Cependant, par exception, n'y sont pas soumis les travailleurs détachés (la loi dit « *déplacés* ») en contrat de travail à durée indéterminée pour une mission temporaire n'excédant pas trois mois.

Concernant son champ matériel, le Code du travail ivoirien régit les relations entre employeurs et travailleurs résultant des contrats de travail (art. 1, al. 1) : est considérée comme travailleur ou salarié (la loi ivoirienne tient les deux termes pour équivalents), toute personne physique qui s'est engagée à mettre son activité professionnelle, moyennant rémunération, sous la direction et l'autorité d'une autre personne physique ou morale, publique ou privée, appelée employeur (art. 2, al. 1). De façon assez classique, le salarié est ainsi celui qui travaille sous la subordination juridique d'un employeur, cette subordination se caractérisant par la direction et l'autorité du second sur le premier. Et la loi de préciser que pour la détermination de la qualité de travailleur, il n'est tenu compte ni du statut juridique de l'employeur, ni de celui de l'employé (art. 2, al. 2). La seconde précision prend une coloration plus nette à la lecture des dispositions spécifiques aux tâcherons (v. *infra* n° 41) tandis que la première indication est nuancée par le dernier alinéa de l'article 2, qui prévoit une exception de taille : le Code du travail n'est pas applicable aux personnes nommées dans un emploi permanent d'une administration publique. De même, les travailleurs employés au service de l'Etat ou des personnes morales de droit public et qui relèvent d'un statut particulier échappent, dans la limite de ce statut et celle des principes généraux du droit administratif, à l'application du Code du travail. La loi du 20 juillet 2015 portant Code du travail s'applique donc aux salariés du secteur privé, à tous, quels que soient son sexe, sa race et sa nationalité. Tout au plus la loi prévoit-elle une application partielle (art. 1er, al. 5) aux apprentis et à toute personne liée à l'entreprise en vue d'acquérir une qualification ou une expérience professionnelle, comme en disposent de façon plus précise les articles 13.1 à 13.22 (v. *infra* n° 19 et s.).

11.- Principe de faveur (articles 8 et 9). – Sous réserve de dérogation expresse, les dispositions du Code du travail sont d'ordre public. En conséquence, toute règle résultant d'une décision unilatérale, d'un contrat ou d'une convention et qui ne respecte pas les dispositions dudit Code ou des textes pris pour son application est nulle de plein droit. Toutefois, conformément à la conception classique de l'ordre public social, le caractère d'ordre public ne fait pas obstacle à ce que des garanties ou droits supérieurs à ceux prévus par le Code du travail soient accordés aux travailleurs par décision unilatérale d'un employeur ou d'un groupement patronal ou par un contrat de travail, une convention collective ou un usage.

Egalement, les travailleurs qui bénéficiaient d'avantages consentis préalablement à l'entrée en vigueur en 2015 du nouveau Code du travail au titre d'une décision unilatérale de l'employeur, d'un contrat de travail, d'une convention collective ou d'un accord d'établissement continuent à en bénéficier pendant leur durée respective, lorsque ces avantages sont supérieurs à ceux qui leur sont reconnus par le nouveau Code du travail de 2015.

TITRE 1er. – L'emploi

Chapitre premier. – L'accès à l'emploi

Section 1. – Le recrutement

12.- Liberté d'embaucher (art. 11.1 et 11.2). – Les employeurs peuvent embaucher directement leurs travailleurs. Ils peuvent aussi recourir aux services de l'organisme public de placement ainsi qu'aux bureaux ou offices privés de placement (dont l'activité est réglementée par décret, art. 11.2). Cependant, toute vacance de poste de travail doit faire l'objet d'une déclaration auprès de l'organisme public de placement, de publications (la loi emploie le pluriel, art. 11.1) dans un quotidien national à grand tirage et, éventuellement (il ne s'agit donc pas d'une obligation) dans tout autre moyen de communication ; on pense ici à l'internet. Et ce n'est que si, au terme d'une période d'un mois à compter de la première publication, aucun national n'a satisfait au profil requis, que l'employeur est autorisé à recruter tout autre candidat étranger.

13.- Débauchage illicite (art. 14.7). – Lorsqu'un travailleur ayant rompu abusivement son contrat de travail engage à nouveau ses services, le nouvel employeur est solidairement responsable du dommage causé à l'employeur précédent, dans les trois cas suivants : *1)* quand il est démontré qu'il est intervenu dans le débauchage ; *2)* quand il a embauché un travailleur qu'il savait lié par un contrat de travail (il doit donc s'assurer que le travailleur n'est pas lié par un contrat de travail ou, si celui-ci lui indique l'avoir rompu, qu'il est libre de tout engagement à la date où il doit prendre ses fonctions) ; *3)* quand il a continué à occuper un travailleur après avoir appris que ce travailleur était encore lié à un employeur par un contrat de travail. Dans ce cas, la responsabilité du nouvel employeur n'est toutefois pas engagée si, au moment où il a été averti, le contrat de travail abusivement rompu par le travailleur était arrivé à expiration, soit par l'arrivée du terme, s'il s'agit d'un contrat à durée déterminée, soit, s'il s'agit d'un contrat à durée indéterminée, par l'expiration du préavis ou si un délai de 15 jours s'était écoulé depuis la rupture dudit contrat.

14.- Non-concurrence. - 1°) Sauf convention contraire, il est loisible au travailleur d'exercer en dehors de son temps de travail, toute activité à caractère professionnel non susceptible de concurrencer l'entreprise ou de nuire à la bonne exécution des services convenus (art. 16.4). 2°) Est nulle de plein droit toute clause d'un contrat portant interdiction pour le travailleur d'exercer une activité quelconque à l'expiration du contrat (art. 16.5).

Section 2. – Le contrat de travail

15.- Définition et formalisme (art. 14.1 à 14.4). – Dans le droit fil de la définition donnée dans les dispositions liminaires du Code du travail, l'article 14.1 du Code du travail dispose que le contrat de travail est un accord de volontés par lequel une personne physique s'engage à mettre son activité professionnelle sous la direction et l'autorité d'une autre personne physique ou d'une personne morale, moyennant rémunération. La loi ne fixe pas de formalisme, le contrat pouvant être passé librement dans les formes qu'il convient aux parties contractantes d'adopter (art. 14.2). L'embauche peut être à durée déterminée ou indéterminée (art. 14.3). Elle se prouve par tout moyen (art. 14.4). Cependant, la convention collective interprofessionnelle (art. 13) et le décret n° 96-287 (art. 2) imposent que le contrat mentionne : *1)* l'identité du travailleur et de l'employeur ; *2)* la date et le lieu d'engagement, *3)* la classification professionnelle ; *4)* le salaire convenu et ses accessoires ; *5)* éventuellement, la durée de la période d'essai ; 6) la nature et la durée du contrat.

16.- Exécution et modification du contrat de travail.- 1°) Exécution. - Le travailleur doit toute son activité professionnelle à l'entreprise. Il doit notamment fournir le travail pour lequel il a été embauché, l'exécuter lui-même et avec soin (art. 16.3). En retour, l'employeur doit procurer le travail convenu au lieu convenu. Il ne peut exiger un travail autre que celui prévu au contrat, sauf cas d'urgence ou de péril et pour une tâche temporaire (art. 16.3 et 16.6, al. 1er). **2°) Modification.** – Toute modification substantielle du contrat de travail requiert l'accord préalable du salarié (art. 16.6, al. 2). La loi ne prévoit pas de procédure spécifique à suivre par l'employeur pour recueillir cet accord.

Section 3.- L'essai

17.- Essai (art. 14.5). – Que le contrat soit à durée déterminée ou indéterminée, les parties peuvent convenir d'un essai dont la durée totale maximale est de : *1)* 8 jours pour les travailleurs rémunérés à l'heure ou à la journée ; *2)* 1 mois pour les travailleurs rémunérés au mois ; *3)* 2 mois pour les agents de maîtrise, techniciens et assimilés ; *4)* 3 mois pour les ingénieurs, cadres et techniciens supérieurs et assimilés. Ces durées peuvent être abaissées d'un commun accord lorsque le contrat de travail est temporaire ou conclu à temps partiel (D. n° 96-165, art. 3). Lorsque les parties au contrat de travail décident de soumettre leur relation à une période d'essai ou de la renouveler, le contrat ou lettre d'embauche doit mentionner la durée de la période d'essai (Convention collective interprofessionnelle, art. 14). **Renouvellement de la période d'essai.** – Le renouvellement de la période d'essai est possible à raison d'une fois pour la même période. Il doit alors intervenir par écrit au moins : *1)* 2 jours avant son terme lorsqu'elle est de 8 jours ; *2)* 8 jours avant son terme lorsqu'elle est de 1 mois ; et *3)* 15 jours avant son terme lorsqu'elle est de 2 ou 3 mois (D. n° 96-195, art. 4). En cas de non-respect de ces délais de prévenance, l'employeur ne peut renouveler la période d'essai sauf à obtenir l'accord du travailleur ou à lui verser une indemnité égale à : *1)* 8 jours de salaire lorsque la période d'essai est de 2 mois ; *2)* 15 jours de salaires lorsqu'elle est de 3 mois et *3)* 1 mois de salaire lorsqu'elle est de six mois (Convention collective interprofessionnelle, art. 14). **Rupture de l'essai.** - Pendant la période d'essai fixée, le contrat de travail peut être rompu librement sans préavis et sans que l'une ou l'autre des parties puisse prétendre à une indemnité (art. 18.1). **Maintien dans l'emploi après l'essai. - 1°) Maintien aux mêmes conditions.** – Lorsque le travailleur est maintenu dans son emploi à l'expiration de la période d'essai, le contrat est à durée indéterminée. La durée de l'essai, renouvellement compris le cas échéant, est comptabilisée pour la détermination des droits et avantages évalués en fonction de la durée de service effectif dans l'entreprise (D. n° 96-195, art. 7). **2°) Maintien à de nouvelles conditions.** – Lorsque l'employeur propose au travailleur de l'embaucher définitivement à des conditions autres que celles régissant la période d'essai, il doit spécifier par écrit au travailleur l'emploi, le classement conventionnel, la rémunération ainsi que tous les avantages.

Ce document est contresigné par le travailleur (Convention collective interprofessionnelle, art. 14).

Section 4. – Les dispositifs favorisant l'accès à l'emploi

Paragraphe 1. – Le travail des personnes en situation de handicap

18.- Handicapé et quota (art. 12.1 à 12.3). – Est considérée comme personne en situation de handicap, toute personne physique dont l'intégrité physique ou mentale est passagèrement ou définitivement diminuée soit congénitalement, soit sous l'effet d'une maladie ou d'un accident, de sorte que son autonomie, son aptitude à fréquenter l'école ou à occuper un emploi, s'en trouvent compromises. Le handicap est physique et/ou intellectuel. L'employeur doit réserver un quota d'emplois aux personnes en situation de handicap possédant la qualification professionnelle requise, ce qu'un décret devrait préciser.

Paragraphe 2. – L'apprentissage

19.- Définition (art. 13.1 et 13.2). – Le contrat d'apprentissage est celui par lequel un chef d'établissement industriel, commercial ou agricole, un artisan ou un façonnier s'oblige à donner ou à faire donner une formation professionnelle méthodique et complète à une autre personne et par lequel celle-ci s'engage, en retour, à se conformer aux instructions qu'elle reçoit et à exécuter les ouvrages qui lui sont confiés en vue de sa formation. L'apprentissage consiste en une formation en alternance répartie à raison de 75% du temps en formation pratique et

25% du temps dans un centre de formation théorique (D. n° 96-286, art. 2).

20.- Le maître d'apprentissage. – Pour recevoir un apprenti, l'employeur doit : *1)* être âgé de vingt et un ans au moins (art. 13.1) et, *2)* être titulaire d'une carte de « maître d'apprentissage » délivrée par le Ministre chargé de la formation professionnelle. Le Ministre peut solliciter l'organisation professionnelle concernée pour déterminer les critères de délivrance de la carte (D. n° 96-286, art. 3). De plus, *3)* le maître d'apprentissage ne doit pas avoir été condamné pour crime ou encore délit contre les mœurs (art. 13.5). Toute personne qui forme un apprenti sans remplir les conditions propres à la qualité de maître d'apprentissage est considérée comme employeur du prétendu apprenti et soumise à toutes les obligations attachées à la qualité d'employeur (D. n° 96-286, art. 5). **Le Conseiller d'apprentissage.** – L'encadrement technique, pédagogique et administratif de l'apprenti dans l'entreprise est assuré par un conseiller d'apprentissage (D. n° 96-286, art. 4). Celui-ci est un agent technique ayant la formation théorique et une expérience pratique avérée de l'enseignement d'un métier. Il est appelé à : *1)* suivre les progrès de l'apprenti ; *2)* conseiller techniquement et pédagogiquement toute personne responsable de la formation ; *3)* dispenser des cours théoriques et pratiques complémentaires dans sa spécialité. **L'apprenti.** – Tout candidat à l'apprentissage doit subir un examen médical avant le début de sa formation pour déterminer son aptitude aux conditions de l'apprentissage et à celles ultérieures concernant l'exercice du métier envisagé. Cet examen est pratiqué par le médecin de l'Inspection Médicale du Travail, le médecin du centre médico-scolaire ou du centre hospitalier ou tout autre médecin agréé par le ministère de la Santé. En cas d'inaptitude, l'apprentissage ne peut avoir lieu (D. n° 96-

286, art. 6). Par ailleurs, tout apprenti doit être couvert par une assurance contre les accidents du travail et les maladies professionnelles (D. n° 96-286, art. 17).

21.- Ecrit et mentions obligatoires. – Le contrat est constaté par écrit. Il est rédigé en français en cinq originaux. Ces originaux sont soumis par l'employeur à l'Agence Nationale de la Formation Professionnelle pour être visés. Après visa, celle-ci transmet un exemplaire à l'Inspecteur du Travail et des Lois Sociales, un autre au maître d'apprentissage et un troisième à l'apprenti ou à son représentant légal (D. n° 96-286, art. 10). Le contrat fait obligatoirement mention (D. n° 96-286, art. 12) : *1)* du nom, prénom, âge, profession et domicile du maître d'apprentissage ou de la raison sociale de l'entreprise ; *2)* du nom, prénom et qualification du maître d'apprentissage ; *3)* du nom, prénom et qualification de l'apprenti ; *4)* du nom, prénom, profession et domicile des parents de l'apprenti ou de son tuteur ; *5)* de la date et de la durée du contrat ; *6)* du métier qui sera enseigné ; *7)* des conditions de rémunération, de nourriture et de logement ; *8)* du lieu d'exécution du contrat ; *9)* de l'intitulé des cours professionnels que le maître s'engage à dispenser à l'apprenti.

22.- Durée du contrat. – Le contrat d'apprentissage est conclu pour une durée ne pouvant excéder trois ans. Une prorogation ou une réduction de cette durée peut être accordée par l'Agence Nationale de la Formation Professionnelle (D. n° 96-286, art. 11). Un renouvellement du contrat à son terme est possible dans les cas où : *1)* la qualification de l'apprenti est jugée insuffisante par le maître d'apprentissage ou le conseiller d'apprentissage ; *2)* l'apprenti a échoué à ses examens (D. n° 96-286, art. 20).

23.- Obligations du maître d'apprentissage (art. 13.3 à 13.8). – L'apprenti est placé sous la responsabilité de son maître. En conséquence, ce dernier doit progressivement et complètement lui enseigner le métier qui fait l'objet du contrat (art. 13.8). A cet égard, il l'emploie dans la mesure de ses aptitudes et de ses forces aux travaux qui se rattachent à l'exercice de ce métier. Il doit également prévenir sans retard les parents de l'apprenti ou leurs représentants s'il est malade, en retard, absent ou de tout autre fait qui pourrait requérir leur intervention (art. 13.6). Par ailleurs, le maître d'apprentissage doit se comporter en « bon père de famille » (art. 13.7). Dès lors, s'il s'aperçoit que son apprenti a des difficultés pour lire, écrire ou encore compter, le maître d'apprentissage est tenu de lui accorder le temps et la liberté nécessaires pour son instruction. Le temps laissé à l'instruction doit être décidé d'un commun accord entre le maître et son apprenti. Néanmoins, le temps ne peut excéder deux heures de travail quotidiennes. **Obligations de l'apprenti (art. 13.9).** L'apprenti doit obéissance et respect à son maître d'apprentissage et il doit essayer, dans la mesure de ses forces, de répondre aux besoins de son maître. A l'issue de son apprentissage, l'apprenti passe un examen d'Etat et un certificat d'aptitude professionnelle est délivré à l'apprenti ayant réussi l'examen.

24.- Rupture du contrat. – Le contrat d'apprentissage peut être rompu par commun accord entre les parties, en cas de force majeure ou à l'initiative du maître d'apprentissage ou de l'apprenti lorsqu'ils estiment avoir une cause légitime (D. n° 96-286 art. 21), les textes n'étant pas plus précis sur ce point.

Paragraphe 3. – Les dispositifs d'emploi-formation

1. – Le contrat stage-école

25.- Définition, rémunération et terme (art. 13.11 à 13.13). – 1°) Définition. - Le contrat de stage-école est la convention par laquelle un élève ou un étudiant s'engage, en vue de la validation de son diplôme ou de sa formation professionnelle, à recevoir au sein d'une entreprise une formation pratique. Toute entreprise a l'obligation de recevoir en stage des élèves ou étudiants en vue de la validation de leur diplôme. La loi, pas plus que le décret, ne précise pas dans quelle proportion. A défaut d'être constatée par écrit, la convention est requalifiée en contrat à durée indéterminée. **2°) Conclusion et exécution du contrat de stage-école. -** Un décret, dont la publication reste attendue, doit déterminer les modalités de conclusion et d'exécution du contrat stage-école (art. 13.13). Le stagiaire n'est pas rémunéré (art. 13.12). Toutefois, l'entreprise est libre d'allouer une indemnité compensatrice à l'élève. **3°) Terme. -** Le contrat prend fin au terme de la période conventionnelle sans qu'un préavis soit imposé.

2. – Le contrat de stage de qualification ou d'expérience professionnelle

26.- Définition, durée et formalisme (art. 13.14 et 13.15). – 1°) Définition. - Le contrat de stage de qualification ou d'expérience est la convention par laquelle l'entreprise s'engage, pour la durée contractuellement prévue, à donner au stagiaire une formation pratique lui permettant d'acquérir une qualification ou une expérience professionnelle. Recevoir en stage de qualification ou d'expérience professionnelle des demandeurs d'emploi est une obligation pour toute entreprise que les textes ne fixent pas plus précisément. **2°) Durée.** – Le contrat de stage de qualification ou d'expérience professionnelle ne peut excéder douze mois, renouvellements compris. **3°) Formalisme.** – Le contrat de stage est constaté par écrit. A défaut, il est réputé être un contrat à durée indéterminée. **Régime (art. 13.16 à 13.18). – 1°) Règlement intérieur.** - Le stagiaire est soumis au règlement intérieur de l'entreprise dans laquelle il est accueilli. **2°) Indemnité forfaitaire.** – Le stagiaire n'est pas un salarié mais l'entreprise est tenue de lui verser une indemnité forfaitaire (art. 13.17) qu'aucun texte ne vient cependant préciser. **3°) Priorité à l'emploi.** – Le bénéficiaire du stage est, s'il est reconnu apte à tenir l'emploi qui lui a été confié au sein de l'entreprise, prioritaire en cas d'embauche sur un même emploi (art. 13.18). **Attestation de qualification (art. 13.19).** – L'entreprise remet au stagiaire au terme de son stage une attestation où doivent figurer la qualification, l'objet du stage et sa durée (art. 13.19). **Modalités pratiques de mise en œuvre (art. 13.20).** – L'ensemble des modalités pratiques de mise en œuvre du contrat de stage de qualification ou d'expérience professionnelle sont déterminées par voie réglementaire (non encore publiées).

3. – Le chantier-école

27.- Définition, modalités d'organisation et de fonctionnement (art. 13.21 et 13.22). – 1°) Définition. – Est appelée chantier-école toute action collective qui, à partir d'une situation de mise au travail sur une production grandeur nature, a pour objectif la professionnalisation et la qualification dans un métier d'une personne ou d'un groupe de personnes. **2°) Modalités d'organisation et de fonctionnement (art. 13.22).** – Un décret, dont la publication reste attendue, doit fixer l'ensemble des modalités d'organisation et de fonctionnement du chantier-école ainsi que le statut des personnes liées à l'entreprise.

Chapitre 2. – L'emploi à durée déterminée

28.- Le contrat de travail à durée déterminée est un contrat qui prend fin à l'arrivée d'un terme fixé par les parties (éventuellement de façon imprécise, v. *infra*) au moment de sa conclusion (art. 15.1). **Recours au contrat à durée déterminée : Principe et exceptions.** – Les parties sont en principe libres de recourir à l'emploi à durée déterminée. C'est par exception que la loi fixe un quota et deux limites : **1°) Quota.** - L'effectif des travailleurs sous contrat à durée déterminée occupant un emploi permanent ne doit pas dépasser le tiers de l'effectif total de l'entreprise (art. 15.1). Cependant, lorsque le contrat à durée déterminée ne pourvoit pas un emploi permanent, ce contrat ne compte pas pour apprécier le seuil du tiers de l'effectif total visé par l'article 15.1. **2°) Première limite.** - Dans une entreprise où il a été prononcé un licenciement pour motif économique, l'employeur ne peut embaucher un travailleur par contrat à durée déterminée pour un même poste, sauf si la durée du contrat, non susceptible de renouvellement, n'excède pas trois mois. Le texte ne fixe pas la durée de l'interdiction. **3°) Seconde limite.** - Le contrat à durée déterminée à terme imprécis, quel que soit son motif, ne peut avoir pour objet ni pour effet de pourvoir durablement un emploi lié à l'activité normale et permanente de l'entreprise. D'une part, il ne peut être conclu que pour l'exécution d'une tâche précise et temporaire et, d'autre part, seulement dans les cas listés par la loi. Ainsi, il peut être conclu pour (art. 15.6) : *1)* assurer le remplacement d'un travailleur en cas d'absence, de suspension de son contrat de travail ou d'attente de l'entrée en service d'un travailleur recruté par contrat à durée indéterminée ; *2)* répondre à un surcroît occasionnel de travail ou une activité inhabituelle de l'entreprise ; *3)* pourvoir des emplois à caractère saisonnier ; *4)* pourvoir des emplois dans certains secteurs d'activité définis par décret ou par voie conventionnelle et pour lesquels il est d'usage constant de ne pas recourir au contrat à durée indéterminée ; *5)* la durée d'un chantier ou d'un projet. Le terme est alors constitué par le retour du salarié remplacé ou la rupture de son contrat de travail, la fin de la saison, du chantier ou du projet ou la fin du surcroît occasionnel de travail ou de l'activité inhabituelle de l'entreprise.

29.- Terme. – Le contrat de travail conclu pour une durée déterminée prend fin au terme fixé par le contrat. **Durée du contrat à terme précis**. – La loi ne fixe pas de durée minimale du contrat à terme précis. Sa durée maximale est fixée à deux ans. Ce contrat peut être renouvelé sans limitation. Toutefois, ces renouvellements ne peuvent avoir pour effet d'entraîner un dépassement de la durée maximale de deux ans (art. 15.4). **Durée du contrat à terme imprécis. –** La loi ne prévoit pas de durée maximale pour le contrat conclu à terme imprécis, pas plus qu'elle ne prévoit de durée minimale. Tout au plus impose-t-elle à l'employeur de communiquer au travailleur les éléments susceptibles de l'éclairer sur la durée approximative du contrat (art. 15.6).

30.- Formalisme. – Le contrat de travail à durée déterminée doit être passé par écrit ou constaté par une lettre d'embauche (art. 15.2). Assimilé à un contrat de travail à durée déterminée, le contrat de travail spécifique aux travailleurs journaliers engagés à l'heure ou à la journée pour une occupation de courte durée et payés à la fin de la journée, de la semaine ou de la quinzaine échappe à cette exigence de formalisme (art. 15.7).

31.- Sanctions.- Les contrats de travail à durée déterminée qui ne satisfont pas aux exigences légales sont réputés être à durée indéterminée (art. 15.10).

32.- Rupture du contrat à durée déterminée. – En principe, le contrat de travail à durée déterminée cesse au terme du contrat. C'est exceptionnellement qu'il peut être rompu de façon anticipée. **1°) Cas de rupture.** - Le contrat à durée déterminée ne peut être rompu avant le terme initialement fixé que pour (1) force majeure, (2) commun accord des parties ou (3) faute lourde (v. *infra*, n° 58) de l'une des parties (art. 15.9, al. 1er). Il n'est pas permis au salarié de rompre le contrat si un autre employeur lui propose un emploi à durée indéterminée. **1° bis)** Par exception, le contrat à durée déterminée à terme imprécis conclu pour le remplacement d'un travailleur temporairement absent peut être rompu par décision unilatérale du salarié dès lors qu'il a été exécuté pendant six mois. **2°) Sanction de la rupture illégale.** – Toute rupture prononcée en violation des cas prévus par la loi donne lieu, au profit de la partie lésée (au salarié, bien entendu, mais aussi à l'employeur), à dommages et intérêt correspondant aux salaires et avantages de toute nature dont le salarié aurait bénéficié pendant la période restant à courir jusqu'au terme du contrat.

33.- Indemnité de fin de contrat. – Lorsqu'un contrat à durée déterminée prend fin sans que ne soit conclu un contrat à durée indéterminée entre les parties, le travailleur a droit à une indemnité de fin de contrat (art. 15.8). Elle est d'un montant égal à 3% des salaires bruts perçus par le travailleur pendant la durée de son contrat de travail, et payée lors du règlement du dernier salaire. Cette indemnité n'est pas due : *1)* lorsque le salarié refuse la conclusion d'un contrat à durée indéterminée pour le même emploi ou pour un emploi similaire comportant une rémunération au moins équivalente ; on en déduit, *a contrario*, qu'elle est due lorsque ces conditions ne sont pas respectées ; *2)* en cas de rupture anticipée du contrat à l'initiative du salarié ou lorsqu'elle est consécutive à une faute lourde du travailleur.

Chapitre 3. – L'externalisation de l'emploi

34.- Externalisation de la main d'œuvre. - Les entreprises peuvent faire appel à du personnel extérieur dans le cadre du travail temporaire et du prêt de main-d'œuvre non lucratif (art. 11.5). Elles peuvent également recourir aux services d'un tâcheron (art. 11.3).

35.- Entrepreneur de travail temporaire. - Est entrepreneur de travail temporaire, toute personne physique ou morale dont l'activité exclusive est de mettre à la disposition provisoire d'utilisateurs, personnes physiques ou morales, des salariés qu'elle embauche et rémunère à cet effet en fonction d'une qualification convenue (art. 11.4, al. 1er). Peut être entrepreneur de travail temporaire toute personne : *1)* majeure et jouissant de ses droits civiques ; *2)* de nationalité ivoirienne ou représentante d'une personne morale de droit ivoirien ; *3)* n'ayant jamais été condamnée à une peine d'emprisonnement pour un délit contre l'honneur ou la probité ; *4)* et n'exerçant pas de fonctions rémunérées pour le compte d'une administration ou d'un établissement public (D. n° 96-194, art. 4). Une demande d'autorisation, qui reçoit réponse sous quinze jours, doit être adressée au ministre chargé du Travail, précision étant faite que le silence de l'administration vaut acceptation. L'autorisation délivrée est valable un an renouvelable. L'entrepreneur de travail temporaire doit alors s'inscrire au registre du commerce (D. n° 96-194, art. 7). Une autorisation obtenue de manière frauduleuse ou sur la base de renseignements inexacts fera l'objet d'un retrait sans préjudice de poursuites pénales (D. n° 96-194, art. 9). **Travailleur temporaire.** – Tout travailleur temporaire doit fournir lors de son embauche : *1)* le diplôme justifiant son niveau de formation ou sa qualification professionnelle ; *2)* le cas échéant, un certificat de travail de son précédent employeur. Dans certains cas non déterminés, ni par la loi ni par décret, une déclaration sur l'honneur certifiant de l'absence de condamnations pénales ou de poursuites en cours peut être demandée (D. n° 96-194, art. 12). Le travailleur est exonéré de fournir un diplôme dès lors que l'emploi concerné n'exige qu'une initiation de courte durée (D. n° 96-194, art. 12). Toute déclaration inexacte du travailleur entraîne la rupture du contrat et la réparation du préjudice causé à l'employeur (D. n° 96-194, art. 13).

36.- Recours au travail temporaire. – Le recours au travail temporaire est possible pour remplacer un salarié absent, pour répondre à un surcroît occasionnel d'activité ou à la création d'activités nouvelles, et pour des travaux urgents dont l'exécution immédiate est nécessaire pour prévenir des accidents imminents, organiser des mesures de sauvetage ou réparer des insuffisances du matériel (D. n° 96-194, art. 23). **Interdiction.** – Le recours au travail temporaire est en revanche interdit pour (D. n° 96-194, art. 33) : *1)* remplacer des travailleurs grévistes ; *2)* effectuer des travaux souterrains ; *3)* effectuer des travaux de surveillance et d'entretien d'installations électriques, de peinture, vernissage et pulvérisation ; *4)* l'emploi d'explosifs ou la manipulation d'appareils exposant aux rayons X et au radium ; *5)* effectuer des travaux dans les chantiers de travaux dans l'air comprimé ou les chantiers de carrières par galerie souterraine.

37.- Durée de la mission de travail temporaire. – La durée de la mission ne peut excéder trois mois. Elle est renouvelable par tranche d'un mois (D. n° 96-194, art. 2). Si la durée contractuellement convenue est supérieure au maximum légal, le travailleur temporaire sera réputé embauché par l'utilisateur pour une durée indéterminée à compter du début de la mission (D. n° 96-194, art. 3). Par ailleurs, l'entrepreneur qui fait habituellement exécuter à ses travailleurs temporaires des missions d'une durée supérieure à trois mois s'expose au retrait provisoire ou permanent de son autorisation d'exercice (D. n° 96-194, art. 11). En cas de cessation définitive du contrat de travail le liant à l'entrepreneur de travail temporaire, le travailleur temporaire peut être embauché par l'utilisateur (D. n° 96-194, art. 30).

38.- Contrat de travail avec l'entrepreneur de travail temporaire. – Le contrat de travail temporaire doit être formalisé par écrit. Il comporte des mentions obligatoires et précise les éléments d'identification des parties au contrat (raison sociale, nom, domiciliation, etc.), l'indication de l'autorisation d'exercer la profession, la nature de la mission et sa durée, le montant de la rémunération (qui ne peut être inférieur au salaire de sa catégorie professionnelle), la date et le lieu de conclusion du contrat (D. n° 96-194, art. 14). Le contrat est nul et de nul effet s'il est conclu avant que l'entrepreneur de travail temporaire soit en possession de l'autorisation prescrite (D. n° 96-194, art. 10). **Exécution de la mission.** – Le travailleur temporaire reste sous l'autorité et la direction de l'entrepreneur de travail temporaire. Pendant la durée de sa mission, il doit néanmoins se conformer aux instructions et directives de l'utilisateur de travail temporaire (D. n° 96-194, art. 15). Des sanctions disciplinaires peuvent être infligées par l'entrepreneur de travail temporaire sur proposition motivée de l'utilisateur et après explications écrites du travailleur (D. n° 96-194, art. 19). Enfin, en cas de défaillance de l'entrepreneur de travail temporaire dans le paiement de la rémunération, l'utilisateur lui est substitué pour ledit paiement pour la durée de la mission (D. n° 96-194, art. 27). **Rupture du contrat.** – En cas d'inaptitude constatée par un médecin, le contrat du travailleur temporaire est réputé rompu (D. n° 96-194, art. 18). La loi ne prévoit pas expressément d'autres causes de rupture du contrat de travail.

39.- Contrat de prestation entre l'utilisateur et l'entrepreneur de travail temporaire. – Utilisateur et entrepreneur de travail temporaire sont liés par un contrat de prestation de service portant sur une mission de trois mois renouvelable par période d'un mois au maximum (D. n° 96-194, art. 23). Ce contrat doit être écrit et mentionne obligatoirement : la durée de la mission, la nature du service, le motif de recours, la qualification professionnelle du travailleur, le lieu d'exécution de la mission ainsi que l'horaire et les caractéristiques du travail à exécuter, et enfin, les modalités de la prestation fournie et notamment le coût de la mission (D. n° 96-194, art. 25).

40.- Prêt de main-d'œuvre non lucratif. - En dehors du travail temporaire, seul le prêt de main-d'œuvre à but non lucratif (et non à titre gratuit) est autorisé (art. 11.5, al. 1 et 2). Tout prêt de main-d'œuvre à but lucratif qui n'est pas réalisé dans le cadre du travail temporaire est interdit. Le travailleur peut, en cas de contravention à l'interdiction, faire valoir l'existence d'un contrat de travail le liant à l'utilisateur, sans que cette faculté emporte renonciation aux droits que le travailleur peut avoir l'encontre du prêteur de main d'œuvre (art. 11.5, al. 3).

41.- Tâcheron. – Le tâcheron est un sous-entrepreneur qui, sans être propriétaire d'un fonds commercial, artisanal ou agricole, et engageant lui-même la main d'œuvre nécessaire, passe avec un entrepreneur un contrat écrit ou verbal pour l'exécution d'un travail ou la fourniture de certains services moyennant un prix forfaitaire. Les salariés recrutés par le tâcheron pour l'exécution du contrat de tâcheronnat doivent travailler sous la direction et le contrôle effectifs de celui-ci (art. 11.6). Quand les travaux sont exécutés dans les ateliers, magasins ou chantiers de l'entrepreneur, ce dernier est, en cas d'insolvabilité du tâcheron, substitué à celui-ci en ce qui concerne le paiement des salaires dus aux travailleurs. Dans ce cas, les travailleurs lésés ont une action directe contre l'entrepreneur (art. 11.7).

Chapitre 4. – Le maintien dans l'emploi

Section 1. – La suspension du contrat de travail

42.- Cas de suspension. – Le contrat de travail est suspendu, notamment (art. 16.7) : *a)* en cas de fermeture de l'établissement du fait du départ de l'employeur sous les drapeaux ou pour une période obligatoire d'instruction militaire ; *b)* pendant la durée du service militaire du travailleur et pendant les périodes obligatoires d'instruction militaire qu'il doit observer ; *c)* pendant la durée d'absence du travailleur pour maladie. La maladie s'entend ici de l'inaptitude à assumer les obligations nées du contrat de travail pour motif de santé ne résultant ni d'un accident du travail ni d'une maladie professionnelle. La durée de la suspension est limitée à 6 mois (12 mois en cas d'affection de longue durée) et doit être constatée par un médecin agréé. Ce délai peut être exceptionnellement prorogé jusqu'à ce que le travailleur soit remplacé ; *d)* pendant la période d'indisponibilité du travailleur résultant d'un accident du travail ou d'une maladie professionnelle jusqu'à la consolidation des lésions ou guérison ; *e)* pendant la période de garde à vue ou de détention préventive du travailleur motivée par des raisons étrangères au service et lorsqu'elle est connue de l'employeur, dans la limite de 6 mois ; *f)* pendant les permissions exceptionnelles accordées par l'employeur à l'occasion d'événements familiaux touchant directement son propre foyer ; *g)* pendant les périodes de chômage technique. Le contrat de travail est également suspendu pendant la période de mise en disponibilité sans salaire obtenue par le travailleur à sa demande pour remplir des obligations d'ordre personnel (art. 16.8). Sont visés les cas d'allaitement à l'issue d'un congé maternité, d'assistance à un enfant physiquement diminué, d'exercice d'un mandat public, du congé de formation et d'éducation d'un enfant. La période de mise en disponibilité n'est pas comptabilisée pour le calcul de l'ancienneté et du congé.

43.- Information de l'employeur en cas de maladie. – Le travailleur, ou à défaut, le médecin du travail ou les représentants du personnel mandatés à cet effet, informent l'employeur de son indisponibilité 48 heures au plus tard à compter du début de son absence (D. n° 96-198, art. 4). Ce délai est porté à 72 heures ou trois jours ouvrables lorsqu'il n'existe pas de service médical au sein de l'entreprise et que la maladie du salarié a été constatée en dehors de celle-ci

(D. n° 96-198, art. 6). **Justificatifs et contrôles.** – Le salarié doit justifier de son état tout au long de son absence et, en premier lieu, doit remettre à l'employeur un certificat médical, sauf à ce que sa maladie ait été constatée par le médecin de l'entreprise (D. n° 96-198, art. 7 et 10). Tout au long de l'absence du travailleur, l'employeur peut solliciter une contre-expertise (D. n° 96-198, art. 10). Le défaut de remise du certificat fait obstacle à la suspension du contrat. L'absence qui en résulte peut alors constituer une cause légitime de licenciement (D. n° 96-198, art. 9).

44.- Indemnisation légale (art. 16.9). – L'employeur est tenu de verser au travailleur, dans la limite normale du préavis, une indemnité égale au montant de sa rémunération pendant la durée de suspension du contrat de travail dès lors que celle-ci est consécutive au départ de l'employeur sous les drapeaux, ou au départ du travailleur pour effectuer son service militaire ou pour cause de maladie. Si l'emploi est à durée déterminée, la suspension ne peut avoir pour effet de proroger le terme du contrat initialement prévu. Les maladies de longue durée s'indemnisent pendant une période de douze mois. Le travailleur accidenté en état d'incapacité temporaire reçoit, le temps de son arrêt, une allocation qui lui assure son ancien salaire, heures supplémentaires non comprises, déduction faite de la somme qui lui est due par l'institution de prévoyance sociale selon les dispositions de la réglementation en vigueur. **Indemnisation conventionnelle du travailleur malade.** – L'article 29 de la convention collective interprofessionnelle régit l'indemnisation du travailleur malade.

45.- Réintégration du salarié après sa maladie. – 1°) Salarié apte à reprendre le travail aux anciennes conditions. – L'employeur est tenu de recevoir le salarié dès lors que celui-ci se présente pour reprendre son service. Sauf dispositions contractuelles ou conventionnelles plus favorables, le salarié n'est pas réintégré de plein droit dans son emploi si : *1)* la durée de son absence a été supérieure à 6 mois et *2)* l'employeur a dû procéder à son remplacement à l'issue des 6 premiers mois d'absence. L'employeur est alors en droit de le licencier (D. n° 96-198, art. 13). **2°) Reclassement.** – L'employeur doit chercher avec les délégués du personnel, les possibilités de reclassement du travailleur qui ne pourrait pas reprendre son service dans les conditions antérieures (art. 16.9).

46.- Chômage technique (art. 16.11). – 1°) Cas de recours. – Lorsqu'en raison de difficultés économiques graves, ou d'évènements imprévus relevant de la force majeure, le fonctionnement de l'entreprise est rendu économiquement ou matériellement impossible, ou particulièrement difficile, l'employeur peut décider de la suspension de tout ou partie de son activité. **2°) Formalisme.** – La décision de l'employeur indique la durée de la mise en chômage technique ainsi que les compensations salariales qui peuvent être proposées aux salariés. L'Inspecteur du Travail et des Lois Sociales est informé sans délai de cette décision. **3°) Durée.** – La mise en chômage technique prononcée pour une durée déterminée peut être renouvelée. Toutefois, elle ne peut être imposée au salarié, en une ou plusieurs fois, pendant plus de deux mois au cours d'une même période de douze mois. Au-delà du délai de deux mois, le salarié peut se considérer comme licencié. **4°) Renouvellement concerté.** – D'un commun accord, les parties peuvent convenir d'une prorogation du délai de deux mois pour une période supplémentaire qui ne peut excéder quatre mois. Dans ce cas, l'employeur a l'obligation de verser au salarié le tiers de son salaire brut. Après ces deux mois, le refus du salarié d'accepter une nouvelle période de renouvellement du chômage technique équivaut à un licenciement légitime, sauf pour le travailleur à rapporter la preuve d'une intention de nuire de l'employeur. **5°) Licenciement collectif pour motif économique.** – Lorsque plus d'un travailleur est licencié pour refus de renouvellement d'une mise au chômage technique, l'employeur doit suivre la procédure de licenciement collectif pour motif économique qui est prévue aux articles 18.10 et suivant du Code du travail ivoirien *(v. infra* n° 56 et s.*)*.

Section 2. – Le transfert d'entreprise

47.- Maintien du contrat de travail. – S'il survient un changement d'employeur, personne physique ou morale, par suite notamment de succession, vente, fusion, transformation du fonds, mise en société, tous les contrats de travail en cours au jour de la modification subsistent entre le nouvel employeur et le personnel de l'entreprise (art. 11.8). Cette disposition est identique à l'article L. 1224-1 du Code du travail français de sorte que la jurisprudence française pourrait ici utilement fonder l'interprétation de l'article 11.8 du Code du travail ivoirien en l'absence de décisions rendues par les juridictions ivoiriennes pour dégager une jurisprudence. Les salariés transférés ne peuvent prétendre à aucune indemnité du fait du changement d'employeur (art. 11.9, al. 2). Enfin le nouvel employeur garde le droit de procéder à des ruptures de contrat de travail s'il justifie d'un motif, comme la loi l'exige par ailleurs (v. *infra* n° 55).

Section 3. – La formation professionnelle continue

Paragraphe 1. – Le régime de la formation professionnelle

48.- Droit à la formation continue (art. 13.23). – Le travailleur est en droit de bénéficier de la formation professionnelle continue et du perfectionnement professionnel que nécessite l'exercice de son emploi, dans un but de promotion sociale et d'adaptation à l'évolution économique et technologique. La formation professionnelle continue et le perfectionnement professionnel concernent tous les travailleurs (D. n° 96-285, art. 1).

49.- Obligations de l'employeur et du travailleur. – 1°) Obligations de l'employeur. – L'employeur doit déterminer les actions de formation, de perfectionnement ou le cas échéant, de reconversion professionnelle de ses travailleurs (D. n° 96-285, art. 5). Il lui incombe également de fixer, en liaison avec les organismes de formation professionnelle continue, les critères d'admission à la formation professionnelle continue et au perfectionnement professionnel (D. n° 96-285, art. 2). **2°) Obligation du travailleur.** L'employeur est en droit d'exiger que son personnel en fonction suive les cours de formation et de perfectionnement professionnels (art. 13.24). Il peut également soumettre le travailleur à un stage de formation professionnelle. Si ce stage est concluant, le travailleur bénéficie des avantages rattachés à la fonction qu'il avait en tant que stagiaire. Cependant, un travailleur ayant déjà effectué un stage de formation professionnelle ne peut être obligé de faire un nouveau stage lorsqu'il est engagé dans un autre établissement du même secteur d'activité et relevant des mêmes fonctions que son précédent stage. Une fois la période d'essai accomplie avec succès, l'intéressé sera confirmé dans son nouvel emploi (art. 13.24). **3°) Rupture du contrat de travail pendant la formation. –** En cas de rupture du contrat de travail à l'initiative du travailleur et sans motif légitime pendant la période de formation, l'employeur est en droit d'obtenir la réparation du préjudice qu'il subit. Tout employeur reconnu complice pourra être tenu au remboursement total ou partiel du coût de la formation (D. n° 96-285, art. 7 et 8). **4°) Rupture du contrat de travail à l'issue de la formation. –** L'employeur et le travailleur peuvent fixer un délai après lequel, postérieurement à la formation, le contrat de travail pourra être rompu à l'initiative de chacune des parties intéressées (D. n° 96-285, art. 9).

50.- Exécution de la formation (art. 13.24). – 1°) Coût. – Le coût de la formation est à la charge de l'employeur, qu'elle soit organisée par un organisme spécialisé ou par l'employeur lui-même. **2°) Salaire du travailleur.** – Lorsqu'il est en formation, le travailleur continue à percevoir l'intégralité de son salaire ainsi que les indemnités qui s'y rattachent. **3°) Période de formation. –** Pendant la période de formation, le travailleur bénéficie du temps libre nécessaire, déterminé en fonction du programme de formation ou de perfectionnement (D. n° 96-285, art. 4). **4°) Echec à l'examen.** – Si le cours de formation ou de perfectionnement comporte un examen, l'échec du travailleur à cet examen ne peut être la cause d'un licenciement. Le travailleur est réintégré dans son emploi précédent et bénéficie des avantages qui s'y rattachent (art. 13.24).

Paragraphe 2. – Le congé de formation

51.- Définition (art. 13.26). – Le congé de formation est une période de suspension du contrat de travail qui a pour objet de permettre à tout travailleur, au cours de sa vie professionnelle, de suivre à son initiative, et à titre individuel, des actions de formation, indépendamment de sa participation aux stages compris dans le plan de formation de l'entreprise qui l'emploie. Il peut également être accordé à un salarié pour préparer et passer un examen pour l'obtention d'un titre ou d'un diplôme. Dans les deux cas, le coût de la formation est pris en charge par le travailleur. **Critère(s) d'accès et pièces justificatives (art. 13.27).** – Pour bénéficier du congé de formation, le travailleur doit justifier d'une ancienneté d'au moins trente-six mois dans l'entreprise ou, le cas échéant, d'un retour de congé de formation depuis au moins trente-six mois. La demande de congé de formation est adressée par écrit à l'employeur au moins deux mois avant le début de la formation et doit s'accompagner des pièces justificatives. **Bénéfice du congé de formation (art. 13.30)** – Le bénéfice du congé de formation demandé est de droit, sauf dans le cas où l'employeur estime que cette absence peut avoir des conséquences préjudiciables à la production et à la bonne marche de l'entreprise. En cas de différend, l'Inspecteur du Travail et des Lois Sociales peut être saisi par l'une des parties. En cas de persistance du désaccord, le contrat de travail peut être légitimement rompu par l'employeur sauf pour le travailleur à rapporter la preuve d'une intention de nuire. **Limites.** – Sauf accord de l'employeur, aucun travailleur ne peut solliciter son droit à congé de formation plus de deux fois, par période de dix ans continue dans l'entreprise (art. 13.27). Par ailleurs, lorsque plusieurs travailleurs remplissent, dans une même entreprise, les conditions requises pour bénéficier du congé de formation, l'employeur peut différer la satisfaction de certaines demandes (art. 13.28). **Durée du congé de formation (art. 13.29).** – Le congé de formation correspond à la durée de la formation, sans pouvoir excéder un an s'il s'agit d'une formation continue à temps plein ou 1200 heures s'il s'agit d'une formation constituant un cycle pédagogique comportant des enseignements discontinus ou à temps partiel. Un accord collectif peut stipuler des durées plus longues.

Chapitre 5. – La rupture du contrat de travail

52.- Rupture unilatérale du contrat. – Le contrat de travail à durée indéterminée peut toujours cesser par la volonté du salarié, sans que celui-ci n'ait à justifier la rupture, soit qu'il démissionne, soit qu'il remplit les conditions de départ à la retraite, telles que fixées par le Code de prévoyance sociale (art. 18.3, al. 5 et 6). Il peut également cesser par la volonté de l'employeur, mais celui-ci doit alors disposer d'un motif légitime (art. 18.3). La partie qui prend l'initiative de la rupture du contrat de travail doit notifier par écrit sa décision à l'autre. Lorsque l'initiative émane de l'employeur, cette notification doit être motivée (art. 18.4, al. 2).

Section 1. – Le licenciement pour motif personnel

Paragraphe 1. – Le motif

53.- Motif personnel de licenciement (art. 17.4). – 1°) Principe. – Le motif du licenciement peut tenir à la personne du salarié, qu'il s'agisse de son état de santé, de son aptitude à tenir l'emploi, de son insuffisance professionnelle ou de sa faute. Le licenciement est alors qualifié de licenciement pour motif personnel. **2°) Cas spécifique de la maladie de courte durée.** – Si à l'expiration du délai de 6 mois durant lequel le contrat de travail est suspendu (v. *supra* n° 42.), le travailleur se trouve dans l'incapacité de reprendre son travail, l'employeur peut décider de le remplacer définitivement. Le licenciement intervenant dans ces conditions est légitime dans les cas suivants : *1)* s'il est impossible d'aménager le poste de travail du travailleur ou d'assurer son reclassement sur un autre poste ; *2)* si le travailleur a refusé la proposition de reclassement qui lui a été faite ; *3)* ou si le médecin a constaté l'inaptitude du travailleur à tout emploi. Le remplacement s'effectue après avoir signifié par écrit au travailleur la rupture du contrat de travail. L'employeur lui verse les indemnités de préavis, de congés ainsi que l'indemnité de licenciement auxquelles le travailleur a droit. L'employeur doit tenir à la disposition du salarié un certificat de travail accompagné d'un relevé nominatif de salaire de l'institution de prévoyance sociale à laquelle le travailleur est affilié. Le travailleur a une priorité de réembauchage s'il produit un certificat médical de guérison ou de consolidation et une aptitude au poste (art. 18.5). **3°) Cas spécifique de la maladie de longue durée.** – En cas de maladie de longue durée, l'article 18.3 restreint la faculté offerte à l'employeur par l'article 17.4. Selon l'article 18.3, si à l'issue du délai de 12 mois, durant lequel le contrat de travail est suspendu (v. *supra* n° 42), le travailleur est toujours dans l'incapacité de reprendre son emploi, alors l'employeur peut mettre un terme, par écrit, à son contrat. L'employeur doit justifier l'impossibilité d'un aménagement raisonnable du poste de travail et de l'absence possible de reclassement du travailleur. Le licenciement est aussi légitime si le travailleur a refusé la proposition de reclassement qui lui a été faite ou si le médecin du travail a déclaré l'employé inapte à travailler.

Paragraphe 2. – La procédure

54.- Procédure de licenciement pour motif personnel (art. 17.4). – 1°) Notification. – L'employeur qui licencie pour motif personnel doit notifier sa décision par écrit au salarié. La notification du licenciement est faite par lettre recommandée avec accusé de réception ou par courrier remis en main propre contre reçu, en présence des délégués du personnel ou devant témoins. Dans le cas où la notification est rendue impossible par le fait du salarié, la rupture sera valablement notifiée à un délégué du personnel de l'entreprise avec copie à l'Inspecteur du Travail et des Lois Sociales (Convention collective interprofessionnelle, art. 33). Le non-respect de ces dispositions rend la rupture imputable à l'employeur (Convention collective interprofessionnelle, art. 33). La lettre de licenciement comporte (art. 17.4) : *1)* l'indication du ou des motifs de rupture ; *2)* le nom ou la raison sociale de l'employeur ; *3)* le numéro d'immatriculation à l'Institution de prévoyance sociale et l'adresse de l'employeur ; *3)* les noms, prénoms, numéro d'affiliation à l'Institution de prévoyance sociale, date d'embauche et qualification professionnelle du salarié ; *4)* la date de prise d'effet de la rupture. **2°) Information de l'Inspecteur du Travail et des Lois sociales.** – Dans le même temps où il notifie le licenciement au salarié, l'employeur informe l'Inspecteur du Travail et des Lois Sociales. Cette information écrite comporte les mêmes indications que celles contenues dans la lettre de licenciement. **3°) Procédure disciplinaire.** – En cas de faute justifiant le licenciement, la procédure de licenciement s'articule avec la procédure disciplinaire (*v. infra* n° 73).

Section 2. – Le licenciement pour motif économique

Paragraphe 1. – Le motif

55.- Motif économique de licenciement (art. 18.9). – Constitue un licenciement pour motif économique le licenciement opéré par un employeur en raison d'une suppression ou transformation d'emploi, consécutive, notamment à des mutations technologiques, à une restructuration ou à des difficultés économiques de nature à compromettre l'équilibre financier de l'entreprise. La loi vise la restructuration de l'entreprise comme justifiant le licenciement économique, sans préciser la finalité de cette restructuration. Doit-on se cantonner à la théorie de l'employeur seul juge, ce qui ne permettrait pas au juge d'apprécier le bienfondé du licenciement en fonction de la finalité de la restructuration destructrice d'emplois ? Probablement. Enfin, la loi permet au juge d'ajouter à la liste des motifs pouvant justifier le licenciement, compte tenu de l'adverbe « *notamment* ». La loi n'impose pas à l'employeur de rechercher le reclassement du salarié dont le licenciement est envisagé. A fortiori, la recherche d'un reclassement du salarié n'est pas une condition du bienfondé du licenciement.

Paragraphe 2. – La procédure

56.- Procédure. – 1°) Information-explication (art. 18.10 et 18.11). – L'employeur qui envisage de procéder à un licenciement pour motif économique de plus d'un travailleur organise une réunion d'information et d'explication avec les délégués du personnel qui peuvent se faire assister par les représentants de leurs syndicats. L'employeur adresse au Conseil national du dialogue social, aux délégués du personnel et à l'Inspecteur du

Travail et des Lois Sociales, au moins quinze jours ouvrables avant la réunion, un dossier précisant les causes du licenciement projeté, les critères retenus par l'entreprise, la liste du personnel concerné, la date du licenciement ainsi que tout document nécessaire à l'appréciation de la situation. La réunion ainsi organisée est présidée par l'Inspecteur du Travail et des Lois Sociales. **2°) Lieu de l'information-explication (art. 18.12).** – La réunion d'information-explication a lieu dans les locaux de l'inspection du travail. Si cela s'avère impossible, elle a lieu, dans les 48 heures ouvrables suivant la date initiale, dans les locaux de l'entreprise sous réserve de l'autorisation de l'Inspecteur du Travail et des Lois Sociales. **3°) Ordre des licenciements.** – L'employeur établit l'ordre des licenciements en tenant compte des qualités professionnelles, de l'ancienneté dans l'établissement et des charges de famille des travailleurs. Sont licenciés en premier les travailleurs présentant les moindres aptitudes professionnelles pour les emplois maintenus et, en cas d'égalité, les salariés les moins anciens, étant entendu que l'ancienneté est majorée d'un an pour le travailleur marié et d'un an pour chaque enfant à charge (Convention collective interprofessionnelle, art. 38). **4°) Suite de la procédure.** – Une fois la liste arrêtée, l'employeur doit : *1)* soumettre le licenciement envisagé à l'autorisation de l'Inspecteur du Travail. En vertu de l'article 18.13, l'Inspecteur s'assure du respect des critères établis et de la procédure prescrite. En cas de non-respect de la procédure ou des critères fixés, l'article 18.13 précise que l'Inspecteur le notifie par écrit au chef d'entreprise, mais la loi est silencieuse sur les conséquences que ce dernier doit en tirer ; *2)* consulter les délégués du personnel pour avis dans un délai de 8 jours avant la notification du licenciement ; *3)* notifier les licenciements ; *4)* communiquer la liste des travailleurs licenciés à l'Office de la Main-d'œuvre de Côte d'Ivoire.

57.- Priorité de réembauche (art. 18.9). – Le travailleur licencié pour motif économique bénéficie pendant deux ans d'une priorité de réembauche dans la même catégorie d'emploi. En cas de vacance d'emploi, l'employeur avise le travailleur intéressé par tout moyen laissant trace écrite. A cet égard, le travailleur bénéficiant d'une priorité de réembauche est tenu de communiquer à son employeur tout changement d'adresse survenu après son départ de l'établissement.

Section 3. – Préavis et indemnité de licenciement

Paragraphe 1. – Le préavis

58.- Préavis. – 1°) Droit. – La résiliation du contrat est subordonnée à un préavis donné par la partie qui prend l'initiative de la rupture du contrat. **2°) Privation du préavis en cas de faute lourde** (art. 18.7, al. 2 et art. 18.8). – La rupture du contrat de travail peut intervenir sans préavis en cas de faute lourde. Peuvent être notamment considérés comme faute lourde les faits ou comportement d'un travailleur ayant un lien avec ses fonctions et qui rendent intolérable son maintien dans l'entreprise.

59.- Durée du préavis. – Sous réserve de dispositions conventionnelles ou contractuelles plus favorables, la durée du préavis est fixée comme suit (D. n° 96-200, art. 1). **1°) Travailleurs payés à l'heure, au jour à la semaine ou à la quinzaine.** – Pour les travailleurs payés à l'heure, au jour, à la semaine ou à la quinzaine et classés dans les cinq premières catégories : *1)* huit jours jusqu'à six mois d'ancienneté ; *2)* quinze jours entre six mois et un an d'ancienneté ; *3)* un mois entre un et six ans d'ancienneté ; *4)* deux mois entre six et onze ans d'ancienneté ; *5)* trois mois entre onze et seize ans d'ancienneté ; *6)* et quatre mois au-delà. **2°) Travailleurs payés au mois.** – Pour les travailleurs payés au mois et classés dans les cinq premières catégories : *1)* un mois jusqu'à six ans d'ancienneté ; *2)* deux mois entre six et onze ans d'ancienneté ; *3)* trois mois entre onze et seize ans d'ancienneté ; *4)* quatre mois au-delà. **3°) Travailleurs très qualifiés.** – Pour les travailleurs classés en sixième catégorie et au-delà : *1)* trois mois jusqu'à seize ans d'ancienneté ; *2)* quatre mois au-delà. **4°) Cas spécifique des travailleurs frappés d'incapacité.** – Pour les travailleurs de toutes catégories frappés d'une incapacité permanente partielle estimée à plus de 40% : *1)* application du délai normal de préavis jusqu'à six mois d'ancienneté ; *2)* application de deux fois le délai normal de préavis au-delà. **5°) Absence durant le préavis.** – Pendant son préavis, le travailleur est autorisé à s'absenter soit chaque jour pendant 3 heures, soit 2 jours par semaine, pour chercher un nouvel emploi. Ces absences sont fixées d'un commun accord ou, à défaut, alternativement un jour au gré de l'employeur et un jour au gré du salarié (Convention collective interprofessionnelle, art. 34). Le travailleur qui ne souhaite pas utiliser tout ou partie de son contingent d'absences en informe l'employeur en présence des délégués du personnel. Ces périodes sont regroupées à la fin du préavis et sont rémunérées (Convention collective interprofessionnelle, art. 34).

60.- Obligations des parties. – **1°) Obligations réciproques (art. 18.6).** – Pendant la durée du préavis, l'employeur et le travailleur sont tenus au respect de toutes les obligations réciproques qui leur incombent. **2°) Obligation du salarié.** – Avant de quitter son emploi, le travailleur responsable d'un service, d'un stock, ou d'une caisse doit rendre compte de sa gestion (Convention collective interprofessionnelle, art. 34). **3°) Indemnité**

compensatrice de préavis. – La partie qui n'aura pas respecté le délai de préavis est tenue de verser à l'autre partie une indemnité compensatrice de préavis égale à la rémunération et aux avantages dont aurait bénéficié le travailleur pendant la durée du préavis restant à courir (Convention collective interprofessionnelle, art. 35). Cette indemnité est majorée si la rupture intervient soit dans les 15 jours précédant un congé, soit dans les 15 jours qui suivent le retour d'un congé. La partie à l'initiative de la rupture dans ces conditions sera tenue de verser à l'autre partie une indemnité supplémentaire égale à 2 mois de salaire pour le travailleur dont la rémunération est calculée sur une base mensuelle, et égale à 1 mois de salaire pour les travailleurs dont la rémunération est calculée sur une base horaire (Convention collective interprofessionnelle, art. 34).

Paragraphe 2. – L'indemnité de licenciement

61.- Indemnité de licenciement (art. 18.16). – La résiliation du contrat de travail du fait de l'employeur entraîne pour le travailleur ayant accompli une durée de service effectif égale à un an et qui n'a pas commis de faute lourde, le paiement d'une indemnité de licenciement distincte du préavis. Le taux d'indemnité de licenciement correspond, pour chaque année de présence dans l'entreprise, à un pourcentage appliqué sur la base du salaire global mensuel des douze mois d'activité précédant le licenciement. Ce pourcentage est fixé à 30% jusqu'à la cinquième année comprise d'ancienneté. Il est fixé à 35% pour la période allant de la sixième à la dixième année comprise et à 40% au-delà.

Section 4. – La rupture abusive du contrat de travail

62.- Rupture abusive (art. 18.15). – 1°) Définition. – Est abusif le licenciement prononcé sans motif légitime, ou en violation des dispositions interdisant les discriminations (v. *infra* n° 69), ou le licenciement économique collectif prononcé sans respect de la procédure requise ou « pour faux motif » (l'expression est confuse, même si l'on peut comprendre qu'elle vise la situation où l'employeur invoque un motif qui n'est pas le vrai motif, ce qui correspondrait à la cause réelle du licenciement en droit français). La juridiction compétente constate l'abus par une enquête sur les causes et les circonstances de la rupture du contrat. **2°) Dommages-intérêts.** – Toute rupture abusive du contrat donne lieu à dommages-intérêts. La loi ne prévoit pas la réintégration du salarié licencié. Le montant des dommages-intérêts est fixé au regard de tous les éléments qui peuvent justifier l'existence et déterminer l'étendue du préjudice causé et notamment : *1)* lorsque la responsabilité incombe au travailleur, du préjudice subi par l'employeur en raison de l'inexécution du contrat dans la limite maximale de six mois de salaire ; *2)* lorsque la responsabilité incombe à l'employeur, le montant des dommages et intérêts équivalant, à un mois de salaire brut par année d'ancienneté dans l'entreprise, ne peut être inférieur à trois mois de salaire ni excéder vingt mois de salaire brut. Ces dommages et intérêts ne se confondent ni avec l'indemnité pour inobservation du délai de préavis ni avec l'indemnité de licenciement.

Section 5. – La rupture négociée du contrat de travail

63.- Rupture négociée du contrat de travail (art. 18.17). – Les parties ne peuvent pas renoncer à l'avance au droit de se prévaloir des règles relatives au licenciement.

Toutefois, elles ont la faculté de convenir d'une rupture négociée du contrat de travail qui ne peut être remise en cause que dans les conditions du droit civil. La loi ne fixe pas plus précisément les termes de la négociation entre les parties. Elle n'impose pas un montant minimal de l'indemnité versée au travailleur, équivalent par exemple à l'indemnité de licenciement qui aurait été due si le salarié avait été licencié. Cependant, lorsqu'une rupture négociée de contrat de travail fait partie d'une opération de réduction des effectifs pour motif économique, elle doit être, au même titre que les licenciements, annoncée lors de la réunion d'information et d'explication (v. *supra* n° 56).

Section 6. – Le certificat de travail

64.- Certificat de travail (art. 18.18 à 18.19). – 1°) Modalités de remise. - Au moment où le contrat de travail cesse, l'employeur doit remettre au travailleur un certificat de travail où figurent sa date d'entrée ainsi que celle de sa sortie, mais aussi la nature et les périodes des emplois occupés et un relevé nominatif de salaire de l'institution de prévoyance sociale à laquelle appartient le travailleur. Si ce certificat de travail n'est pas remis en bonne et due forme, l'employeur s'expose au paiement de dommages et intérêts. Il appartient à l'employeur de faire la preuve de cette remise. Le certificat et le relevé nominatif des salaires sont exempts de tous droits de timbre et d'enregistrement. **2°) Obligation de délivrance en cas de décès (art. 18.19).** – Après le décès du travailleur, l'employeur a toujours l'obligation de délivrer aux ayants droit du salarié son certificat de travail, ainsi que le relevé nominatif de salaire de l'institution de prévoyance sociale à laquelle il était affilié.

TITRE 2. – L'encadrement du pouvoir patronal

Chapitre premier. – Le règlement intérieur

65.- Obligations et contenu. – 1°) Obligation. – L'élaboration d'un règlement intérieur est obligatoire pour toutes les entreprises industrielles, commerciales ou agricoles employant habituellement plus de dix travailleurs, et ce dans un délai de 3 mois à compter du début de l'activité. Ne sont pas comptabilisés dans l'effectif les travailleurs journaliers, à temps partiel et temporaires (D. n° 96-197, art. 1). **2°) Contenu. –** Son contenu est limité exclusivement aux règles relatives à l'organisation technique du travail, à la discipline et aux prescriptions concernant l'hygiène et la sécurité nécessaires à la bonne marche de l'entreprise (art. 16.1). Toute autre clause y figurant, notamment celles relatives à la rémunération, est considérée comme nulle de plein droit, sous réserve de l'article 32.4 qui dispose que les travailleurs absents le jour de paye peuvent retirer leur salaire conformément au règlement intérieur de l'entreprise. **3°) Entreprises dotées de plusieurs établissements. –** Il peut être établi pour chaque établissement ou partie d'établissement un règlement intérieur comportant des dispositions particulières (D. n° 96-197, art. 10). **4°) Sanction. –** L'employeur qui n'élabore pas un règlement intérieur alors qu'il en a l'obligation s'expose à une amende pouvant aller de 10 000 à 100 000 francs (D. n° 96-197, art. 15). L'Inspecteur du Travail et des Lois Sociales peut également mettre l'employeur en demeure d'élaborer le règlement intérieur dans le délai qu'il fixe (D. n° 96-197, art. 16).

66.- Elaboration (art. 16.1, al. 3 à 5). – 1°) Le règlement intérieur est établi par le chef d'entreprise. Il est soumis, pour avis, aux délégués du personnel et lorsqu'il en existe, aux syndicats de base. Ceux-ci disposent d'un délai de 15 jours pour adresser par écrit à l'employeur leurs observations. L'absence de réponse dans ce délai vaut acceptation du règlement intérieur (D. n° 96-197, art. 5). En l'absence de délégués du personnel et de syndicat de base, l'employeur soumet son projet de règlement intérieur aux travailleurs délégués par leurs pairs. Le nombre de travailleurs à désigner doit être égal à celui des délégués titulaires qu'aurait comporté l'entreprise ou l'établissement (étant précisé que cette désignation ne fait pas d'eux des délégués du personnel). **2°)** Le règlement est ensuite communiqué, avec les observations des représentants du personnel, à l'Inspecteur du Travail et des Lois Sociales, qui peut exiger le retrait ou la modification des dispositions contraires aux lois et règlements en vigueur. Dans un tel cas, l'employeur doit se conformer aux prescriptions de l'Inspecteur sans préjudice de l'exercice d'un recours hiérarchique. **3°)** A défaut de réponse sous un mois, l'Inspecteur est réputé avoir validé le règlement intérieur. Il doit alors être déposé au Greffe du Tribunal du Travail ou au Greffe de la juridiction la plus proche (D. n° 96-197, art. 7). **4°)** Enfin, le règlement intérieur doit être affiché à une place convenable aisément accessible au sein des lieux de travail et de recrutement de l'entreprise. Il doit être maintenu dans un bon état de lisibilité (D. n° 96-197, art. 12).

67.- Modification. – Les modifications apportées au règlement intérieur ainsi que toute instruction nouvelle générale et permanente, quelle qu'en soit la forme, émanant de la direction et relative aux matières qui sont du domaine du règlement intérieur sont soumises aux mêmes conditions de communication, d'affichage et de dépôt que le règlement intérieur déjà établi (art. 16.2). Sa révision est obligatoire lorsqu'il n'est plus conforme aux lois, règlements et conventions collectives applicables, sous peine de nullité de ses clauses (D. n° 96-197, art. 17).

68.- Contestation. – Les contestations relatives à la régularité du règlement intérieur sont portées devant le Tribunal du travail qui en apprécie les conséquences éventuelles dans les relations juridiques entre l'employeur et le travailleur (D. n° 96-197, art. 11).

Chapitre 2. – Droits et libertés fondamentaux du salarié

Section 1. – Les discriminations

69.- Critères prohibés (art. 4). – La loi fixe une série de critères que l'employeur ne peut prendre en compte pour asseoir certaines décisions, tout en réservant l'application des dispositions expresses du Code du travail ou de tout autre texte de nature législative ou réglementaire protégeant les femmes et les enfants, ainsi que les dispositions relatives à la condition des étrangers. Aucun employeur ne peut prendre en considération pour arrêter une décision, le sexe, l'âge, l'ascendance nationale, la race, la religion, l'opinion politique et religieuse, l'origine sociale, l'appartenance ou la non-appartenance à un syndicat et l'activité syndicale, la séropositivité au VIH ou le Sida avérés ou présumés, le handicap des travailleurs. La loi affirme ici des valeurs d'importance suffisante pour qu'elles pénètrent dans la sphère privée qu'est l'entreprise, et cantonnent le pouvoir patronal. La liste des critères prohibés n'est pas sans rappeler celle que donne le droit français, lui-même inspiré par le droit européen, même si certaines différences peuvent être soulignées. La loi vise l'ascendance nationale, et non la nationalité. Ce n'est pas non plus l'état de santé en général qui est visé : seuls sont concernés le VIH et le Sida. De façon assez sage, le législateur ivoirien ne cède pas aux mêmes fantaisies que le législateur français, lorsque celui-ci ajoute à la liste des critères prohibés, l'apparence physique ou bien encore les caractéristiques génétiques. Par ailleurs, l'article 4 vise les mesures patronales concernées par la règle d'interdiction d'une différenciation sur la base des critères prohibés, de façon suffisamment large (l'embauchage, la conduite et la répartition du travail, la formation professionnelle, l'avancement, la promotion, la rémunération, l'octroi d'avantages sociaux, la discipline ou la rupture du contrat de travail), de sorte que toute mesure patronale ayant trait à la conclusion, l'exécution et la rupture du contrat de travail paraît concernée.

Section 2. – Le harcèlement moral ou sexuel

70.- Harcèlements moral et sexuel (art. 5). – 1°) Harcèlement sexuel. – Le droit du travail ivoirien ne cède en rien à une influence étrangère, qui aborde le harcèlement sexuel en des termes particulièrement larges et à vrai dire confus. Le législateur ivoirien fait preuve tout autant de classicisme que de clarté. Constituent un harcèlement sexuel, les comportements abusifs, les menaces, les attaques, les paroles, les intimidations, les écrits, les attitudes, les agissements répétés à l'encontre d'un salarié, ayant une connotation sexuelle, dont le but est d'obtenir des faveurs de nature sexuelle à son profit ou au profit d'un tiers (art. 5, al. 4). On ne saurait mieux dire. **2°) Harcèlement moral.** – Constituent un harcèlement moral les comportements abusifs, les menaces, les attaques, les paroles, les intimidations, les écrits, les attitudes, les agissements répétés à l'encontre d'un salarié (la loi détaille les comportements incriminés, tout en visant *in fine* de façon plus large les agissements - sans préciser lesquels –

s'ils sont répétés) ayant pour objet ou pour effet la dégradation de ses conditions de travail et qui comme tels sont susceptibles de porter atteinte à ses droits et à sa dignité, d'altérer sa santé physique ou mentale ou de compromettre son avenir professionnel.

Section 3. – L'action en justice du salarié

71.- Action en justice pour faire respecter les droits fondamentaux (art. 6). – Tout licenciement motivé par l'action en justice pour faire respecter les principes et droits fondamentaux au travail est nul et de nul effet. La réintégration du salarié licencié au mépris de cette interdiction est de droit. En cas de refus de réintégration, l'employeur est tenu au paiement de dommages-intérêts dans les conditions de l'article 18.15 (v. *supra* n° 62).

Chapitre 3. – Le pouvoir disciplinaire

72.- Sanction. – 1°) Définition. – Constitue une sanction disciplinaire toute mesure autre que des observations verbales prise dans le cadre disciplinaire par l'employeur. Cette mesure sanctionne un agissement du salarié jugé fautif par l'employeur. Elle est de nature à affecter immédiatement ou non la présence, la fonction ou la carrière du salarié dans l'entreprise (art. 17.2). Les sanctions disciplinaires sont (art. 17.3) : *1)* l'avertissement écrit ; *2)* la mise à pied temporaire sans salaire, d'une durée de 1 à 3 jours ; *3)* la mise à pied temporaire sans salaire, d'une durée de 4 à 8 jours ; *4)* le licenciement. **2°) Limites au pouvoir de sanctionner (art. 17.1).** – Il est interdit à l'employeur d'infliger des sanctions pécuniaires. Il lui est également interdit de sanctionner deux fois la même faute. **3°) Prescription.** – Passé un délai de trois mois à compter de la date de connaissance par l'employeur de la faute, celle-ci ne peut faire l'objet de sanction disciplinaire (art. 17.5, al. 8). Par ailleurs, aucune sanction antérieure de plus de six mois à l'engagement de poursuites disciplinaires ne peut être invoquée à l'appui d'une nouvelle mesure décidée par l'employeur (art. 17.5, al. 7).

73.- Procédure. – 1°) Entretien ou explications écrites (art. 17.5). – Préalablement à toute sanction, le travailleur doit pouvoir s'expliquer par écrit ou verbalement dans un délai de 72h à compter de la réception de la demande d'explication. Lorsque ses explications sont verbales, il peut se faire assister d'un, deux ou trois délégués du personnel. Ces explications sont transcrites par l'employeur en présence des délégués du personnel ayant assisté à l'entretien. Le salarié lit la transcription et la signe. Elle est ensuite contresignée par l'employeur et les personnes ayant assisté les parties. **2°) Notification de la sanction (art. 17.5).** – L'employeur notifie la sanction au travailleur dans un délai de quinze jours ouvrables courant à partir de la date de réception des explications écrites. Une copie de la décision, accompagnée de la demande d'explications et des explications écrites du travailleur (ou, sans doute, de la transcription), est adressée à l'Inspecteur du Travail et des Lois Sociales et aux délégués du personnel.

TITRE 3. – Conditions de travail

Chapitre premier. – Durée du travail

74.- Fixation de la durée du travail (art. 21.1). – La durée et l'horaire de travail sont fixés par l'employeur. Ils sont affichés sur les lieux de travail et communiqués à l'Inspecteur du Travail et des Lois Sociales. Ils figurent également dans le règlement intérieur. **Durée normale du travail (art. 21.2). – 1°) Principe.** – Dans tous les établissements à l'exception des établissements agricoles, la durée normale du travail des personnels, quels que soient leur sexe et leur mode de rémunération, est fixée à 40 heures par semaine. Cette durée peut être dépassée par application des règles relatives aux équivalences, aux heures supplémentaires, à la récupération des heures de travail perdues et à la modulation. **2°) Etablissements agricoles et assimilés.** – Dans les établissements agricoles et assimilés, la durée normale du travail des personnels, quel que soit leur sexe ou leur mode de rémunération, est fixée à 2400 heures par an et à 48 heures par semaine. Cette durée peut être dépassée par application des règles relatives aux équivalences, aux heures supplémentaires et à la récupération des heures de travail perdues.

75.- Temps partiel (art. 21.2). – 1°) Principe. – Une durée du travail inférieure à la durée normale peut être stipulée dans le cadre d'un contrat de travail à temps partiel. **2°) Définition. –** Le travail à temps partiel est celui dont la durée ne peut être supérieure à 30 heures par semaine ou à 120 heures par mois (D. n° 96-202, art. 2). **3°) Information de l'Inspecteur du Travail. –** Avant toute institution ou recours au travail à temps partiel, l'employeur informe l'Inspecteur du Travail et des Lois Sociales. Ce dernier est également récipiendaire de la liste des travailleurs employés à temps partiel dans l'entreprise, ainsi que de leurs horaires, préalablement à leur affichage et à leur exécution (D. n° 96-202, art. 3 et 4). **4°) Formalisme** – Le contrat à temps partiel doit être écrit et mentionner notamment (D. n° 96-202, art. 5) : *1)* la durée de la période d'essai ; *2)* la qualification professionnelle du travailleur ; *3)* les éléments de la rémunération ; *4)* la durée hebdomadaire ou mensuelle du travail ; *5)* la répartition de la durée du travail sur la semaine ou le mois ; *6)* les conditions de modification éventuelle de cette répartition dans un délai compris entre 3 et 7 jours avant son application. A défaut d'écrit, le contrat est réputé être à temps plein et à durée indéterminée (D. n° 96-202, art. 7). **5°) Heures complémentaires.** – Constitue une heure complémentaire toute heure de travail effectuée par le travailleur à temps partiel au-delà de la limite hebdomadaire ou mensuelle. Ces heures sont rémunérées comme des heures normales. Le contrat de travail à temps partiel fixe la limite dans laquelle le travailleur peut effectuer des heures complémentaires étant entendu que le nombre total d'heures accomplies doit dans tous les cas être inférieur à la durée légale hebdomadaire ou mensuelle du travail (D. n° 96-202, art. 9, 10 et 11). **6°) Refus d'effectuer des heures complémentaires.** – Le refus d'effectuer des heures complémentaires ne constitue ni une faute ni un motif de licenciement du travailleur (D. n° 96-202, art. 11).

76.- Durée quotidienne de travail. – Sous réserve des équivalences, l'horaire journalier est fixé comme suit (D. n° 96-203, art. 5) : *1)* 8 heures par jour, pendant cinq jours ouvrables de la semaine ; *2)* ou 6 heures 40 minutes par jour ouvrable de la semaine ; *3)* ou répartition inégale entre les jours ouvrables (du lundi au samedi) avec un maximum de 8 heures par jour. **Heures supplémentaires.** – Les heures accomplies au-delà de la durée légale du travail ou de la durée considérée comme équivalente donnent lieu, selon la convention collective interprofessionnelle (art. 51), à une majoration de : *1)* 15% pour les heures effectuées entre la 41e et la 48e heure ; *2)* 50% pour les heures effectuées au-delà de la 48e heure ; *3)* 75% pour les heures effectuées la nuit, et de jour les dimanches et jours fériés ; *4)* 100% pour les heures effectuées de nuit les dimanches et jours fériés.

77.- **Régime dérogatoire (1) : équivalence.** – En cas de caractère discontinu ou intermittent de l'activité de tout ou partie du personnel, une durée hebdomadaire de présence supérieure à 40 heures peut être admise (D. n° 96-203, art. 2). Cette durée est délimitée comme suit (D. n° 96-203, art. 3) : *1)* entre 40 et 44 heures au maximum pour les entreprises non agricoles ; *2)* entre 48 et 52 heures au maximum pour les exploitations, établissements, entreprises agricoles et assimilées. Au-delà, les heures effectuées sont considérées comme des heures supplémentaires ; *3)* 56 heures pour le personnel domestique et le personnel de gardiennage. Les branches professionnelles, les secteurs d'activité ou les professions peuvent fixer par convention collective des modalités particulières d'application des équivalences (D. n° 96-203, art. 4). L'entreprise appliquant les équivalences en informe l'Inspecteur du Travail et des Lois Sociales. Elle justifie de ce recours en lui remettant les documents appropriés (D. n° 96-203, art. 7). **Régime dérogatoire (II) : travail posté.** – L'organisation du travail par roulement est autorisée. Le travail posté correspond au travail dans lequel un salarié ou une équipe de salariés succède immédiatement à un autre salarié ou à une autre équipe, au(x) même(s) poste(s) de travail et pour le même temps (D. n° 96-203, art. 9). Dans ce cas, la durée journalière de travail ne saurait excéder 8 heures, période de pause de 30 minutes comprise. Ne peuvent avoir recours au travail posté que les entreprises qui assurent une production ou un service nécessitant leur fonctionnement sans interruption, jour et nuit, dimanches et jours fériés (D. n° 96-203, art. 10). **Régime dérogatoire (III) : dérogation individuelle.** – L'employeur et le travailleur peuvent convenir par écrit d'un horaire individualisé, distinct de l'horaire journalier collectif (D. n° 96-203, art. 12). Cet horaire individualisé ne doit pas avoir pour conséquence de modifier la durée hebdomadaire de travail (D. n° 96-203, art. 33). L'employeur fixe un temps de travail obligatoire pour tout le personnel et des plages mobiles (D. n° 96-203, art. 31). Sa mise en place nécessite l'avis favorable des délégués du personnel et que l'Inspecteur du Travail et des Lois Sociales soit informé. A défaut de représentant du personnel, il revient aux travailleurs eux-mêmes de se prononcer sur ce dispositif (D. n° 96-203, art. 32). Le système d'horaire individualisé peut prévoir des reports d'heures d'une semaine sur l'autre, pendant les plages mobiles, sans que ces heures ne soient considérées comme des heures supplémentaires. Un tel report est décidé par le travailleur et ne saurait excéder, sauf accord dérogatoire, 3 heures par semaine ou 10 heures par mois (D. n° 96-203, art. 34). **Dérogation permanente.** – Des dérogations permanentes à la durée journalière sont admises pour tenir compte : *1)* de la nature des travaux ne pouvant être réalisés pendant l'horaire collectif d'exploitation ou *2)* des travaux dont il est difficile de limiter la durée (D. n° 96-203, art. 14). Ces dérogations ne peuvent entraîner une prolongation de plus de deux heures. Au-delà, les heures effectuées sont décomptées comme des heures supplémentaires (D. n° 96-203, art. 16). Elles s'appliquent aux travailleurs affectés aux travaux tels que : le travail des mécaniciens, des électriciens, le travail du personnel exclusivement affecté à des opérations de surveillance ou de service d'incendie, le travail de chef d'équipe ou d'ouvrier spécialiste dont la présence est indispensable pour coordonner le travail de deux équipes qui se succèdent (D. n° 96-203, art. 15). **Dérogation temporaire.** – Des dérogations temporaires à la durée journalière sont admises pour (D. n° 96-203, art. 18) : *1)* la récupération des heures de travail collectivement perdues, imputable à des causes accidentelles ou de force majeure (intempéries, pénuries, sinistres, manque de moyens de transport, etc.) ; *2)* les travaux urgents et exceptionnels. Les heures collectivement perdues par suite de grève ou de lock-out ne sont pas susceptibles de récupération (D. n° 96-203, art. 21). Les heures collectivement perdues peuvent être récupérées en prolongement de la durée journalière dans la limite de deux heures (D. n° 96-203, art. 20). Cette récupération n'est pas soumise à autorisation ; l'information de l'Inspecteur du Travail et des Lois Sociales suffit. Il lui est communiqué le nombre d'heures perdues, la nature et la cause de l'interruption de travail, l'effectif concerné et les modifications envisagées (D. n° 96-203, art. 19).

Chapitre 2. – Travail de nuit

78.- Définition du travail de nuit. – Est considéré comme période de travail de nuit, tout travail effectué dans la période de huit heures consécutives comprises entre 21 heures et 5 heures (D. n° 96-204, art. 1). Des horaires différents peuvent être retenus par accord collectif d'entreprise ou d'établissement pour tenir compte des usages et coutumes dans certaines branches ou professions (D. n° 96-204, art. 2). La durée du travail de nuit ne peut, dans tous les cas, excéder 8 heures consécutives de travail effectif, entrecoupées d'une ou deux pauses de quinze minutes. Au-delà, toute heure effectuée est considérée comme heure supplémentaire et rémunérée comme telle (D.

n° 96-204, art. 5). **Prolongation de la période de nuit.** – La prolongation éventuelle de la période de nuit pour des raisons impérieuses de fonctionnement de l'entreprise ne peut entraîner le dépassement de la durée maximale de 8 heures consécutives de plus d'une heure (D. n° 96-204, art. 6).

79.- Personnes interdites de travail de nuit. – **1°) Principe.** – Le travail de nuit est interdit aux femmes enceintes sauf avis médical contraire et aux jeunes travailleurs âgés de moins de 18 ans. **2°) Sanctions pénales.** – v. *infra* n° 209. **3°) Dérogations.** – Des dérogations peuvent toutefois être accordées pour les jeunes travailleurs âgés de plus de 14 ans en raison de la nature particulière de l'activité (art. 22.2). L'Inspecteur du Travail et des Lois Sociales peut ainsi autoriser le travail de nuit des jeunes de plus de quatorze ans lorsqu'ils sont en apprentissage, en formation professionnelle et de manière générale dans tous les cas où cela s'avère nécessaire, profitable et sans danger pour la santé des intéressés. Ces dérogations sont soumises à son contrôle permanent (D. n° 96-204, art. 4). En tout état de cause, les enfants de moins de 14 ans admis en apprentissage ou en formation préprofessionnelle ne peuvent être occupés en travail de nuit et, de manière générale, pendant l'intervalle de 15 heures allant de 17 heures à 8 heures (D. n° 96-204, art. 3). Aucune dérogation n'est ici envisageable.

80.- Contrôle de l'état de santé. – Le travailleur occupé à un travail de nuit bénéficie, outre les visites médicales obligatoires, d'un contrôle de son état de santé au moins deux fois par an, en vue d'apprécier son aptitude au poste occupé. En cas de constat d'inaptitude, le travailleur devra être transféré sur un autre poste (D. n° 96-204, art. 11). De plus, tout établissement occupant des travailleurs de nuit doit être doté de tous les moyens adéquats pour les secours et les soins immédiats qui sont nécessaires en cas de sinistre ou d'accident (D. n° 96-204, art. 12).

81.- Avantages. – Le travailleur occupé à un travail de nuit bénéficie d'une prime de panier lorsqu'il a accompli 6 heures consécutives de travail. Le montant de cette prime est égal soit à trois fois le salaire horaire minimum résultant du SMIG, soit à trois fois le salaire horaire minimum du secteur agricole ou forestier dont relève l'entreprise (D. n° 96-204, art. 9). Le travailleur bénéficie également d'une indemnité spéciale de transport dès lors que l'employeur n'assure pas lui-même le transport. Son montant, journalier ou mensuel, est déterminé par accord conclu entre les organisations professionnelles d'employeurs et de travailleurs représentatives ou par accord conclu dans l'établissement (D. n° 96-204, art. 10).

Chapitre 3. – Travail des enfants et des femmes, protection de la maternité et éducation des enfants

82.- Droits des jeunes travailleurs (art. 23.2). – Les enfants ne peuvent être employés dans aucune entreprise avant l'âge de 16 ans et apprentis avant l'âge de 14 ans. Les jeunes travailleurs de 16 à 21 ans bénéficient des mêmes droits que les travailleurs de leurs catégories professionnelles. Ils ne peuvent en aucun cas subir des abattements de salaires ou des déclassements professionnels du fait de leur âge. **Recensement.** – L'employeur doit tenir un registre de toutes les personnes de moins de 18 ans employées dans son entreprise, avec pour chacune d'elles, l'indication de sa date de naissance (art. 23.2).

83.- Travaux interdits aux enfants de moins de 18 ans. – Il est interdit d'employer pour la réalisation de travaux dangereux les enfants de l'un ou l'autre sexe âgés de moins de 18 ans (arrêté n° 009 du 19 janvier 2012, art. 2). Sont qualifiés de travaux dangereux interdits aux enfants de moins de 18 ans les travaux qui, par leur nature ou les conditions dans lesquelles ils s'exercent, sont susceptibles de (arrêté n° 009 du 19 janvier 2012, art. 3): *1)* mettre leur vie en danger ; *2)* nuire à leur santé, à leur sécurité ou à leur moralité ; *3)* nuire à leur développement physique et mental ; *4)* les priver de leur enfance, de leur potentiel et de leur dignité ; *5)* les priver de leur scolarité ou de l'opportunité d'aller à l'école ; *6)* les empêcher d'avoir une assiduité scolaire ou d'avoir l'aptitude à bénéficier de l'instruction reçue. **Liste des travaux dangereux.** – Il est interdit d'employer les enfants pour notamment (arrêté n° 009 du 19 janvier 2012, art. 4 et art. 8 à 11) : *1)* l'exploitation des galeries souterraines des mines et carrières, le transport des fragments ou des blocs de pierre, le concassage et l'extraction de minerai à l'aide de produits chimiques ; *2)* cueillir, souffler et étirer le verre dans les fabriques de verres à vitre ou autres verreries; *3)* l'exploitation d'une activité de débit de boissons ; *4)* l'abattage des arbres, le brûlage des champs ainsi que la vente, le transport et l'épandage de produits agro-pharmaceutiques ; *5)* la chasse, la plongée en eaux profondes et la pêche en mer, sur lagunes ou sur fleuves ; *6)* la production de charbon de bois ; *7)* la prostitution ou le proxénétisme ; *8)* la récupération d'objets dans les décharges ou la vidange et la collecte d'ordures ménagères ; *9)* la production, l'achat ou la vente de produits chimiques ; *10)* la confection, la manutention et la vente d'écrits, imprimés, affiches, dessins, gravures, peintures, emblèmes, images ou autres objets dont la vente, l'offre, l'exposition, l'affichage ou la distribution sont de nature à blesser leur moralité ou à exercer sur eux une influence négative. **Travaux interdits aux enfants de moins de 16 ans.** – Il est interdit d'employer des enfants de moins de 16 ans pour des travaux domestiques. Ce type d'emploi peut néanmoins être admis à l'âge de 14 ans dans le cadre d'une qualification professionnelle (arrêté n°009 du 19 janvier 2012, art. 6).

84.- Grossesse et contrat de travail (art. 23.3). – 1°) Principes. – L'employeur ne doit pas prendre en considération l'état de grossesse d'une femme pour refuser de l'embaucher, résilier son contrat de travail au cours d'une période d'essai ou prononcer une mutation professionnelle. Il lui est également interdit de rechercher ou de faire rechercher toutes informations concernant l'état de grossesse de l'intéressée. **2°) Dérogations.** – La salariée peut être temporairement mutée dans un autre emploi ou poste de travail, à son initiative ou à celle de l'employeur, si son état de santé l'exige. En cas de désaccord, il revient au médecin-inspecteur du travail de trancher (art. 23.7). La mutation prononcée ne peut entraîner aucune diminution de salaire. A la fin de son congé maternité, la salariée est réintégrée dans l'emploi occupé avant sa réaffectation (art. 23.6 et 23.7). Lorsque le reclassement temporaire de la salariée enceinte est impossible, il revient à l'employeur d'informer la salariée ainsi que le médecin-inspecteur du travail des raisons de cette impossibilité. Le contrat de travail de la salariée est alors suspendu jusqu'à la date du congé légal de maternité. Pendant cette période, la salariée bénéficie d'une garantie de rémunération à la charge de l'employeur (art. 23.8). **Grossesse et contrôle de l'état de santé (art. 23.3 et 23.9). – 1°) Visite médicale d'embauche.** – Lors de la visite médicale d'embauche, la femme enceinte peut présenter un dossier incomplet si certains examens normalement prescrits se révèlent dangereux pour sa santé ou celle de l'embryon. Les examens non effectués sont reportés après l'accouchement. **2°) Examens médicaux.** – La femme enceinte bénéficie d'une autorisation d'absence pour se rendre aux examens médicaux obligatoires lors d'une grossesse. Ces absences n'entraînent aucune diminution de salaire et sont assimilées à une période de temps de travail effectif pour la détermination de la durée des congés payés et des droits légaux ou conventionnels que la salariée tient du fait de son ancienneté dans l'entreprise (art. 23.9). **3°) Remboursement des frais.** – La salariée enceinte bénéficie, dès le troisième mois, du remboursement des soins médicaux liés à l'évolution de sa grossesse, pendant l'accouchement et durant la période postnatale dans la limite des tarifs des formations sanitaires publiques (art. 23.10). **Grossesse et suspension du contrat de travail (art. 23.6).** La salariée a le droit de suspendre son contrat de travail pendant 14 semaines consécutives. La durée de ce congé de maternité est assimilée à une période de travail effectif pour la détermination des droits que la salariée tient de son ancienneté (art. 23.10). Cette suspension débute 6 semaines avant la date prévue d'accouchement et se termine 8 semaines après l'accouchement. La période postnatale de 8 semaines reste acquise à la femme même si l'accouchement a lieu après la date prévue. De plus, cette période est augmentée : *1)* de deux semaines en cas de naissances multiples ; *2)* jusqu'à la fin de l'hospitalisation de l'enfant si celle-ci a été nécessaire, dans la limite de 12 mois. La suspension du contrat de travail peut être augmentée en cas de maladie dûment constatée et résultant de la grossesse ou de l'accouchement. **Indemnités de maternité (art. 23.11).** – La loi garantit à la salariée en congé maternité, une allocation ainsi qu'une indemnité journalière égale au salaire qu'elle percevait au moment de la suspension de son contrat. Ces prestations sont à la charge de l'institution de prévoyance sociale à laquelle l'employée est affiliée. **Grossesse et licenciement (art. 23.4). – 1°) Principe.** – Aucun employeur ne peut résilier le contrat de travail d'une salariée lorsqu'elle est en état de grossesse médicalement constatée. Cette interdiction s'applique pendant l'intégralité des périodes de suspension du contrat de travail auxquelles elle a droit, qu'elle use ou non de ses droits. **2°) Sanctions civiles.** – Le licenciement de la salariée intervenu dans de telles conditions est nul si, dans un délai de 15 jours à compter de sa notification, l'intéressée envoie à son employeur, par tout moyen laissant trace écrite, un certificat médical de grossesse. **3°) Sanctions pénales.** – v. *infra* n° 207. **4°) Exceptions.** – Toutefois, l'employeur peut résilier le contrat de travail s'il justifie d'une faute lourde de l'intéressée ou s'il se trouve dans l'impossibilité de maintenir ledit contrat pour un motif étranger à la grossesse. **Grossesse et démission (art. 23.5).** – Toute femme en état de grossesse médicalement constaté peut rompre son contrat de travail sans préavis et sans avoir de ce fait à payer une indemnité de rupture du contrat de travail. La même faculté est offerte à la mère pendant la période d'allaitement.

85.- Rôle de l'Inspecteur du Travail pour l'application des dispositions du chapitre 3 (art. 23.13). – L'Inspecteur du Travail et des Lois Sociales peut requérir l'examen des femmes et des enfants de moins de 18 ans par un médecin du travail en vue de vérifier si le travail dont ils sont chargés n'excède pas leurs forces. Cette réquisition est de droit à la demande des intéressés. La femme ou l'enfant de moins de 18 ans ne peut être maintenu dans un emploi ainsi reconnu au-dessus de ses forces et doit être affecté à un emploi convenable. Si cela n'est pas possible, le contrat doit être résilié avec paiement des indemnités de préavis et de licenciement s'il y a lieu.

Chapitre 4. - Repos hebdomadaire et jours fériés

86.- Repos hebdomadaire (art. 24.1). – Le repos hebdomadaire est obligatoire. Il est au minimum de 24 heures consécutives et a lieu en principe le dimanche. **Jours fériés.** – Le jour de la Fête nationale (le 7 août) et celui de la fête du Travail (1er Mai) sont fériés, chômés et payés. Sont également fériés : *1)* le 1er janvier ; *2)* le lundi de Pâques ; *3)* le jour de l'Ascension ; *4)* le lundi de Pentecôte ; *5)* la fête de fin du Ramadan ; *6)* la fête de la Tabaski ; *7)* le 15 août ; *8)* le 1er novembre ; *9)* le 15 novembre ; *10)* le 25 décembre ; *11)* le lendemain de la nuit du Destin ; *12)* le lendemain de la naissance du Prophète Mahomet ; *13)* le lendemain de la fête nationale, de la fête du Travail, de la fête du Ramadan, de la fête de Noël et de la fête de la Tabaski chaque fois que lesdites fêtes tombent un dimanche (D. n° 96-205, art. 2 tel que modifié par D. n° 2011-371).

87.- Régime des jours fériés. – 1°) Jour chômé. – Les jours fériés sont des jours chômés pour tous les travailleurs. Par exception, ils ne sont pas chômés dans les établissements ou services qui, en raison de la nature de leur activité, ne peuvent interrompre le travail (D. n° 96-205, art. 3). **2°) Rémunération. –** Si le jour férié est chômé, les travailleurs rémunérés à l'heure ou à la journée n'ont droit à aucun salaire. A l'inverse, les travailleurs rémunérés au mois ont droit au paiement de leur salaire sans que celui-ci ne puisse subir aucune modification à la baisse (D. n° 96-205, art. 4). **3°) Récupération des jours chômés. –** Les heures perdues en raison du chômage des jours fériés peuvent être récupérées dans le respect de la réglementation relative à la durée légale du travail. Les heures ainsi effectuées ne donnent lieu à aucune majoration (D. n° 96-205, art. 5).

Chapitre 5. - Congés payés et permissions exceptionnelles

Section 1. – Congés payés

88.- Droit à congé payé (art. 25.1 et 25.4). – 1°) Ancienneté requise. – Le droit pour un salarié de prendre un congé s'ouvre après une durée de service égale à un an. **2°) Calcul.** – Le travailleur acquiert un droit au congé payé, à la charge de l'employeur, à raison de 2,2 jours par mois de service effectif. La période de référence du calcul des droits s'étend de la date de l'embauche ou du retour du dernier congé, au dernier jour qui précède celui du départ pour le nouveau congé. (D. n° 98-39, art. 3). **3°) Prévisions contractuelles.** – Le contrat de travail peut prévoir un régime plus favorable (Convention collective interprofessionnelle, art. 69). **Augmentation de la durée du congé (art. 25.2). – 1°).** – La durée annuelle du congé est augmentée de : *1)* 1 jour ouvrable supplémentaire après 5 ans d'ancienneté dans l'entreprise ; *2)* 2 jours ouvrables supplémentaires après 10 ans ; *3)* 3 jours ouvrables supplémentaires après 15 ans ; *4)* 5 jours ouvrables supplémentaires après 20 ans ; *5)* 7 jours ouvrables supplémentaires après 25 ans ; *6)* 8 jours ouvrables supplémentaires après 30 ans. **2°).** – La femme salariée ou apprentie bénéficie d'un congé supplémentaire à raison de : *1)* 2 jours ouvrables de congé supplémentaire par enfant à charge si elle a moins de 21 ans au dernier jour de la période de référence ; *2)* 2 jours ouvrables de congé supplémentaire par enfant à charge à compter du 4e si elle a plus de 21 ans au dernier jour de la période de référence. **3°).** – Le travailleur titulaire de la médaille d'honneur du travail bénéficie d'un jour ouvrable de congé supplémentaire par an en plus du congé légal. **4°).** – Le travailleur logé dans l'établissement dont il a la garde astreint à une durée de présence de 24 heures continues par jour bénéficie d'un congé annuel payé de 2 semaines par an en plus du congé légal. **5°). –** Les travailleurs recrutés hors du territoire de la République de Côte d'Ivoire par un contrat d'expatrié ont droit, lors du premier séjour, à un congé dont la durée est déterminée sur la base de 5 jours calendaires par mois de service effectif. A l'issue du second séjour, la durée du congé sera déterminée sur la base de 6 jours calendaires (Convention collective interprofessionnelle, art. 69). **Nullité de l'indemnité compensatrice (art.25.11).** – En dehors des cas prévus, est nulle et de nul effet toute convention prévoyant l'octroi d'une indemnité compensatrice en lieu et place du congé.

89.- Absences (art.25.3). – Pour le calcul de la durée du congé acquis, ne sont pas déduites les absences pour accident du travail ou maladie professionnelle, la période de formation syndicale, les périodes de congé maternité (art. 16.7c, 13.32 et 23.6) et les absences pour maladie n'excédant pas six mois et constatées par un médecin agréé.

90.- Ordre des départs et information (art. 25.5). – 1°) Fixation de l'ordre des départs. – L'ordre des départs en congé est fixé par l'employeur compte tenu des nécessités du service et, dans la mesure du possible, des désirs du salarié. La convention collective interprofessionnelle invite à ce que la date de départ soit fixée d'un commun accord entre les parties (art. 70). **2°) Information du salarié. –** Chaque salarié est informé au moins 15 jours à l'avance de ses dates de congé (art. 25.5). Le calendrier des départs est apposé au tableau d'affichage de l'entreprise. Qui plus est, l'employeur doit remettre au salarié, au moment du départ, une fiche mentionnant les dates de départ et de reprise du travail (Convention collective interprofessionnelle, art. 70).

3°) Fractionnement du congé (art. 25.6). – Avec l'accord du salarié, le congé peut être fractionné à condition que le salarié bénéficie d'un repos d'au moins 14 jours consécutifs, jours de repos hebdomadaires ou jours fériés éventuels compris. Pour les salariés employés hors de leur lieu de recrutement, les délais de route ne sont pas pris en compte dans la durée minimale de repos ininterrompu. Ces délais ne viennent augmenter que la plus longue de leur période de congé ainsi fractionné.

91.- Rappel du travailleur (Convention collective interprofessionnelle, art. 70). – Le rappel du travailleur en congé peut intervenir lorsque la bonne marche de l'entreprise ou de l'un de ses services l'exige pour des raisons sérieuses. Le travailleur rappelé conserve intégralement le bénéfice de son allocation de congé et percevra de nouveau son salaire dès la reprise du travail. En outre, il pourra bénéficier, lors du congé suivant, d'une prolongation égale au nombre de jours perdus par suite du rappel.

92.- Allocation de congé payé (art. 25.7). – **1°) Assiette de l'allocation.** – L'employeur doit verser au travailleur, pendant toute la durée du congé, une allocation au moins égale au montant du salaire et aux divers éléments de rémunération. Selon la convention collective interprofessionnelle, il y a lieu de tenir compte, pour le calcul de l'allocation, de tous les accessoires du salaire tels que les primes, commissions, pourboires, gratifications, heures supplémentaires et avantages en nature perçus par le travailleur au cours des douze derniers mois (Convention collective interprofessionnelle, art. 71). **2°) Mode de calcul.** – Pour le calcul de l'allocation, il convient, après avoir établi le salaire mensuel moyen (salaire de base et accessoires) des 12 derniers mois de : *1)* Diviser cette moyenne mensuelle par 30 pour obtenir le salaire journalier ; *2)* Multiplier le salaire moyen journalier par le nombre de jours calendaires de congé (Convention collective interprofessionnelle, art. 71). S'agissant des jours supplémentaires accordés par la loi et les conventions collectives, le calcul de l'indemnité s'effectue sur les mêmes bases. **3°) Date de versement de l'allocation. –** L'allocation est versée au travailleur dès son départ en congé.

93.- Rupture du contrat avant la prise des congés acquis (art. 25.8). – Lorsque le contrat de travail prend fin avant que le salarié ait pu prendre effectivement ses congés, une indemnité calculée sur la base des droits à congés acquis au jour de la cessation du contrat doit lui être versée à titre compensatoire.

94.- Acquisition du congé pour les travailleurs particuliers (art. 25.9 à 25.10). – 1°) Travailleurs engagés à l'heure ou à la journée (art.25.9). – Les travailleurs engagés à l'heure ou à la journée pour une occupation temporaire perçoivent une indemnité compensatrice de congé payé en même temps que le salaire acquis, au plus tard à la fin de la dernière journée de travail. La compensation qui leur est allouée est égale au douzième de la rémunération acquise au cours de cette période. Toutefois, s'ils justifient de 12 mois de travail continu pour un même employeur, ces travailleurs ont droit à des congés effectifs. **2°) Travailleurs des entreprises de travail temporaire.** – Les travailleurs des entreprises temporaires perçoivent, à l'issue de chaque mission, une indemnité compensatrice de congé égale au douzième de la rémunération totale perçue au cours de la mission.

Toutefois, dans le cas où leur mission a duré 12 mois ou plus, ils ont droit à des congés effectifs. L'indemnité compensatrice de congés payés ou les congés effectifs, selon le cas, sont à la charge de l'entreprise de travail temporaire.

Section 2. – Permissions exceptionnelles

95.- Evènements familiaux (art. 25.12). – Le travailleur comptant au moins 6 mois de présence dans l'entreprise et touché par les évènements familiaux énumérés ci-après et dûment justifiés, bénéficie d'une permission exceptionnelle d'absence dans la limite de 10 jours ouvrables par an (non déductibles du congé réglementaire). La durée de cette absence autorisée s'élève à : *1)* 4 jours ouvrables pour le mariage du travailleur ; *2)* 2 jours ouvrables pour le mariage de l'un de ses enfants, d'un frère ou d'une sœur ; *3)* 5 jours ouvrables pour le décès du conjoint, d'un enfant, du père ou de la mère ; *4)* 2 jours ouvrables pour le décès d'un frère ou d'une sœur, du beau-père ou de la belle-mère ; *5)* 2 jours ouvrables pour la naissance d'un enfant ; *6)* 1 jour ouvrable pour le baptême d'un enfant et sa première communion ; *7)* et 1 jour ouvrable pour un déménagement. En ce qui concerne les autres membres de la famille, non cités ci-dessus, une permission de 2 jours peut être accordée en cas de décès et d'un jour en cas de mariage. Ces absences ne sont pas rémunérées. **Autorisation d'absence (art. 25.12).** – Toute absence pour évènement familial doit faire l'objet d'une autorisation préalable de l'employeur, soit par écrit, soit en présence d'un représentant du personnel. En cas de force majeure rendant impossible l'autorisation préalable de l'employeur, la présentation des pièces justifiant l'absence doit se faire dans les plus brefs délais et, au plus tard, dans les 15 jours qui suivent l'évènement.

96.- Temps de trajet (art. 25.12). – Si l'évènement se produit hors du lieu d'emploi et nécessite le déplacement du travailleur, l'employeur lui accorde un délai de route de 2 jours supplémentaires lorsque le lieu où s'est produit l'évènement est situé à moins de 400 km et 3 jours lorsqu'il est situé au-delà de 400 km. Ces délais de route ne sont pas rémunérés.

97.- Absences exceptionnelles. – Les absences de courte durée justifiées par un évènement grave et fortuit dûment constaté, intéressant directement le foyer du travailleur (tels qu'un incendie ou une maladie grave du conjoint), autorisent la suspension sans solde du contrat de travail sous réserve que l'employeur ait été informé au plus tard dans les 4 jours francs et que la durée de l'absence soit en rapport avec l'évènement qui l'a motivé (Convention collective interprofessionnelle, art. 26).

98.- Mise en disponibilité (Convention collective interprofessionnelle, art. 27). – Le travailleur peut bénéficier, sur sa demande, d'une mise en disponibilité sans aucune rémunération pour faire face à certaines obligations à caractère personnel. Cette absence exceptionnelle est accordée par l'employeur pour : *1)* l'allaitement à l'issue du congé maternité ; *2)* l'assistance à un enfant physiquement diminué ; *3)* l'exercice d'un mandat parlementaire ; *4)* l'exercice d'un mandat syndical permanent. La mise en disponibilité suspend le contrat de travail et ne le rompt pas. Elle n'entre pas en compte pour le calcul de l'ancienneté du travailleur. Dans tous les cas, sauf accord de l'employeur, la mise en disponibilité ne peut excéder une période de 5 ans renouvelable une fois. A l'issue de la mise en disponibilité, le travailleur informe par écrit l'employeur de son désir de reprendre son travail par lettre recommandée avec accusé de réception. L'employeur est alors tenu de procéder à la réintégration du travailleur dans un délai de 2 mois à compter de la date de réception de la demande du travailleur.

Chapitre 6. – Voyages et transports

99.- Frais de voyage (art. 26.1 et 26.2). – Sont à la charge de l'employeur les frais de voyage du travailleur, de son conjoint et de ses enfants mineurs et/ou majeurs scolarisés à sa charge jusqu'à 25 ans et vivant habituellement avec lui, ainsi que les frais de transport de leurs bagages : *1)* du lieu de résidence habituelle au lieu d'emploi ; *2)* du lieu d'emploi au lieu de résidence habituelle en cas d'expiration du contrat à durée déterminée, de résiliation du contrat du travailleur ayant acquis ses congés, de rupture du contrat à la suite d'une faute lourde ou de rupture du contrat pour force majeure ; *3)* du lieu d'emploi au lieu de résidence habituelle et inversement en cas de congé normal. **Durée minimum de séjour.** – Une durée minimum de séjour peut être prévue par le contrat de travail du salarié ou une convention collective. **Classe de transport prise en charge (Convention collective interprofessionnelle, art. 73).** – Les classes de transport du travailleur et de sa famille sont déterminées comme suit :

Catégorie d'emplois	Route	Chemin de fer	Avion
Ouvrier et employé, Agent de maîtrise, Techniciens et assimilé	Prix du titre de transport	2e classe	Touriste
Cadre, Ingénieur et assimilé	Prix du titre de transport	1re classe	Touriste

Le choix du moyen de transport approprié appartient à l'employeur sauf contre-indication médicale. Dans le cas où le travailleur et sa famille justifient de l'impossibilité d'utiliser la classe qui leur est attribuée, ils voyagent avec l'autorisation de l'employeur dans la classe disponible immédiatement supérieure. Le travailleur qui use d'une voie et de moyens de transport plus coûteux que ceux régulièrement choisis ou agréés par l'employeur n'est remboursé par l'entreprise qu'à concurrence des frais occasionnés par la voie et les moyens régulièrement choisis (art. 26.4). A l'inverse, s'il use d'une voie plus économique, il ne peut prétendre qu'au remboursement des frais engagés.
Poids des bagages pris en charge (Convention collective interprofessionnelle, art. 73). – Pour le transport des bagages, il n'est pas prévu à la charge de l'employeur d'avantages autres que la franchise concédée par la compagnie de transport à chaque titre de transport. Toutefois, lors du premier voyage, du dernier voyage ou dans le cas d'une mutation, l'employeur assure le transport gratuit de : *1)* 350 kg de bagages en sus de la franchise pour le travailleur ; *2)* 300 kg de bagages en sus de la franchise pour son épouse ; *3)* 150 kg de bagages en sus de la franchise pour chacun des enfants mineurs légalement à la

charge du travailleur et vivant habituellement avec lui. Le poids maximum des bagages transportés peut être décidé dans le contrat de travail dès lors que l'employeur fournit au travailleur, sur le lieu d'emploi, un logement, du mobilier et l'équipement ménager. Le transport des bagages, assuré par l'employeur, est effectué par une voie ou des moyens normaux au choix de l'employeur.

100.- Rupture du contrat (art. 26.6). – Le travailleur qui a cessé son service dispose d'un délai d'un an pour exiger auprès de son ancien employeur ses droits en matière de congé, de voyage et de transport. Le travailleur qui a cessé son service et qui est dans l'attente du moyen de transport désigné par son employeur a droit à une indemnité égale au salaire qu'il aurait perçu et continue à bénéficier jusqu'à son embarquement des avantages en nature prévus au contrat.

Chapitre 7. – Œuvres sociales

Section 1. – Economat

101.- Définition (art. 27.1). – Est considérée comme économat toute organisation où l'employeur pratique, directement ou indirectement, la vente ou la cession de marchandises aux travailleurs de l'entreprise pour leurs besoins personnels et normaux. Les économats sont admis sous la triple condition que : *1)* les travailleurs ne soient pas obligés de s'y fournir ; *2)* la vente de marchandises y soit faite exclusivement au comptant et sans bénéfice ; *3)* la comptabilité du ou des économats de l'entreprise soit entièrement autonome et soumise au contrôle d'une commission de surveillance élue par les travailleurs. **Marchandises. – 1°) Prix.** – Le prix des marchandises mises en vente doit être affiché lisiblement. **2°) Produits**

interdits à la vente. – La vente des alcools et spiritueux est interdite dans les économats ainsi que sur le lieu d'emploi du travailleur.

Section 2. – Autres services sociaux

102.- Création de services sociaux (art. 27.3). – Des services sociaux, notamment des cantines, restaurants, cafétérias, crèches, terrains de loisirs, sans que cette énumération soit limitative, peuvent être créés au sein des entreprises dans des conditions prévues par décret. Cependant, aucun décret n'a, à ce jour, été publié.

TITRE 4. – Salaire

Chapitre premier. – Détermination du salaire

103.- Définition (art. 31.1). – La rémunération ou le salaire s'entend du salaire minimum catégoriel et ses accessoires ainsi que tous les autres avantages, payés directement ou indirectement, en espèce ou en nature, par l'employeur au travailleur en raison de l'emploi de ce dernier. Ainsi, sous réserve de l'accord entre les parties, aucun salaire n'est dû en cas d'absence, en dehors des cas légalement prévus. **Principe d'égalité (art. 31.2).** – L'employeur est tenu d'assurer, pour un même travail ou un travail de valeur égale, l'égalité de rémunération entre les salariés, quel que soit leur sexe, âge, ascendance nationale, race, religion, opinions politiques et religieuses, origine sociale, et qu'ils appartiennent ou non à un syndicat. A ce titre, sont considérés comme ayant une valeur égale les travaux qui exigent des travailleurs un ensemble comparable : *1)* de connaissances professionnelles consacrées par un titre, un diplôme ou une pratique professionnelle ; *2)* de capacités découlant de l'expérience acquise ; *3)* de responsabilités ; *4)* et de charges physique et mentale. **Egalité homme-femme (art. 31.3).** – Les différents éléments composant la rémunération doivent être établis selon des normes identiques pour les hommes et pour les femmes. Les catégories et classifications professionnelles ainsi que les critères de promotion professionnelle doivent être communs aux travailleurs des deux sexes. Les méthodes d'évaluation des emplois ne doivent ainsi reposer que sur des considérations objectives basées essentiellement sur la nature des travaux que ces emplois comportent.

104.- Salaire minimum interprofessionnel garanti (SMIG). – Le salaire minimum interprofessionnel garanti est fixé à 60 000 francs CFA (D. n° 2013-791, art. 1). **Primes. – 1°) Prime de fin d'année.** – Le travailleur perçoit, en fin d'année, une prime dont le montant ne peut être inférieur au ¾ du salaire minimum conventionnel mensuel de sa catégorie. Les travailleurs embauchés en cours d'année ou démissionnaires ou licenciés bénéficient de cette prime au prorata de leur temps de service dans l'année de référence (Convention collective interprofessionnelle, art. 53). **2°) Prime de panier.** – Le travailleur perçoit une prime de panier dont le montant est égal à 3 fois le SMIG lorsqu'il accomplit : *1)* 6 heures consécutives de travail de nuit ; *2)* ou 10 heures de travail ou plus de jour, prolongées d'au moins 1 heure après le début de la période réglementaire de travail de nuit ; *3)* ou une séance ininterrompue de travail de 10 heures dans la journée (Convention collective interprofessionnelle, art. 54). **3°) Prime d'ancienneté.** – Tout travailleur bénéficie d'une prime d'ancienneté égale à 2% du salaire minimum de sa catégorie de classement après 2 années d'ancienneté dans l'entreprise, auxquels s'ajoutent 1% du salaire par année d'ancienneté supplémentaire et ce jusqu'à la 25ème année incluse (Convention collective interprofessionnelle, art. 55). **4°) Prime de salissure.** – Lorsque l'entreprise emploie des travailleurs à des travaux salissants tels que définis par le Code du travail, une prime de salissure égale à 13 fois le SMIG horaire leur est versée mensuellement (Convention collective interprofessionnelle, art. 60). **5°) Prime d'outillage.** – Lorsque le travailleur fournit l'outillage nécessaire à l'accomplissement de sa tâche, il perçoit une prime mensuelle d'outillage égale à 10 fois le SMIG horaire (Convention collective interprofessionnelle, art. 61).

105.- Rémunération du travail à la tâche ou aux pièces (art. 31.5 et 31.6). – La rémunération d'un travail à la tâche ou aux pièces doit être calculée de telle sorte qu'elle procure au travailleur de capacité moyenne et travaillant normalement un salaire au moins égal à celui du travailleur rémunéré au temps et effectuant un travail analogue. Les taux minima de salaires ainsi que les conditions de rémunération, du travail à la tâche ou aux pièces sont affichés au bureau des employeurs et sur les lieux de paie du personnel. **Rémunération du travail au rendement. –** S'agissant du travail au rendement, la convention collective interprofessionnelle (art. 45) stipule que : *1)* le travailleur doit toujours être assuré de recevoir un salaire au moins égal au salaire minimum de sa catégorie d'emploi ; *2)* les tarifs du travail au rendement sont établis de façon à permettre au travailleur de dépasser le salaire minimum de sa catégorie d'emploi. L'employeur est également tenu de fournir au travailleur, préalablement à l'exécution du travail, tous les éléments lui permettant de calculer facilement son salaire.

106.- Logement et ravitaillement (art. 31.7). – Dans le cas où le travailleur permanent, qui n'est pas originaire du lieu d'emploi et n'y a pas sa résidence habituelle, ne peut, par ses propres moyens, se procurer un logement suffisant pour lui et sa famille, l'employeur est tenu de lui en assurer un. De même, ce dernier est tenu de fournir ou d'aider à la fourniture de denrées alimentaires lorsque ce même travailleur ne peut, par ses propres moyens, obtenir pour lui et sa famille un ravitaillement régulier. Ces prestations constituent un élément du salaire.

107.- Prise en compte des commissions, primes et prestations (art. 31.9). Lorsque la rémunération des services est composée, en totalité ou en partie, par des commissions ou primes et prestations diverses ne constituant pas un remboursement de frais, il en est tenu compte pour le calcul de la rémunération du congé payé ainsi que pour le calcul des indemnités de préavis, de licenciement et des dommages et intérêts. Est prise en considération la moyenne mensuelle de ces éléments au cours des douze mois de service précédant la cessation du contrat de travail.

Chapitre 2. – Paiement du salaire

108.- Principes et interdictions (art. 32.1). – Le salaire est payé en monnaie ayant cours légal et nul n'est tenu d'accepter, en tout ou partie, le paiement en nature de son salaire. Par ailleurs, aucun employeur ne peut restreindre la liberté du travailleur de disposer de son salaire. Il est interdit de rémunérer le travailleur en alcool, boissons alcoolisées et drogues.

109.- Lieu et date du versement de salaire (art. 32.2 et 32.3). – 1°) Lieu. – Sauf en cas de force majeure, le salaire doit être versé sur le lieu de travail ou au bureau de l'employeur lorsqu'il est voisin. **2°) Date. –** Le paiement du salaire ne peut intervenir le jour du repos du travailleur. Le salaire doit être payé à intervalle régulier ne pouvant excéder : *1)* quinze jours pour les travailleurs engagés à la journée ; *2)* un mois pour les salariés embauchés à la quinzaine ou au mois. Les paiements mensuels sont effectués au plus tard 8 jours après la fin du mois de travail donnant droit au salaire. Pour tout travail aux pièces ou au rendement dont l'exécution est censée durer plus d'une quinzaine de jours, les dates de paiement peuvent être fixées de gré à gré. Toutefois, le travailleur reçoit chaque quinzaine des acomptes correspondant à 90 % du salaire minimum. Le paiement intégral doit intervenir dans la quinzaine qui suit la livraison de la commande. **3°) Absence.** – Le travailleur absent le jour de paye peut retirer son salaire aux heures normales d'ouverture de la caisse et conformément au règlement intérieur de l'entreprise (art. 32.4). **Paiement des commissions et participations (art. 32.3).** – Les commissions acquises au cours d'un trimestre doivent être payées dans les 3 mois suivant la fin du trimestre. Les participations aux bénéfices réalisés durant un exercice doivent être payées dans l'année suivante, 3 mois après au plus tôt et 9 mois après au plus tard.

110.- Bulletin de salaire (32.5). – Le paiement du salaire doit être constaté par une pièce dressée et certifiée par l'employeur ou son représentant puis émargée par le salarié. Le travailleur qui serait illettré peut être représenté par deux personnes qui s'en chargeront à sa place. L'ensemble de ces documents est conservé dans les mêmes conditions que les pièces comptables et peut faire l'objet d'un examen sur réquisition par l'Inspecteur du Travail et des Lois Sociales. Le travailleur doit également se voir remettre un bulletin individuel. **Mentions obligatoires sur le bulletin de salaire (Convention collective interprofessionnelle, art. 46).** – Le bulletin de salaire du salarié mentionne obligatoirement: *1)* les noms et prénoms du salarié ; *2)* le nom ou la raison sociale et l'adresse de l'employeur ; *3)* le numéro d'immatriculation du salarié ; *4)* la date de paiement ; *5)* la période pour laquelle la paie est effectuée ; *6)* le classement du travailleur dans la classification professionnelle ; *7)* le montant du salaire ; *8)* les primes et indemnités ; *9)* les heures supplémentaires ; *10)* les différences retenues ; *11)* le total de la rémunération nette à percevoir ; *12)* le numéro sous lequel les cotisations prélevées sur le salaire sont versées à la Caisse nationale de la Prévoyance sociale ou tout autre organisme. **Acceptation du bulletin (art. 32.6).** – **1°) Mention « pour solde de tout**

compte » et renonciation. – N'est pas opposable au travailleur la mention « pour solde de tout compte » ou autre mention équivalente souscrite par lui, soit au cours de l'exécution du contrat, soit après sa rupture, et par laquelle il renonce à tout ou partie des droits qu'il tient de son contrat. **2°) Acceptation sans protestation ni réserve et renonciation.** – L'acceptation sans protestation ni réserve d'un bulletin de paie ne peut valoir renonciation du travailleur au paiement de tout ou partie du salaire, des indemnités et des accessoires du salaire. Elle ne peut valoir non plus compte arrêté et réglé et donc avoir pour effet de faire cesser la prescription des salaires.

111.- Résiliation et rupture du contrat de travail (art. 32.7). – 1°) Principe. – En cas de résiliation ou de rupture d'un contrat de travail, le salaire et les indemnités doivent être payés dès la cessation de service. **2°) Contestation. –** Toutefois, en cas de litige, l'employeur peut obtenir du président du Tribunal du Travail la consignation au greffe dudit tribunal de tout ou partie de la fraction saisissable des sommes dues. A cette fin, l'employeur saisit le président du Tribunal du Travail par une déclaration écrite ou orale faite au plus tard le jour de la cessation des services devant le greffe. Cette demande est ensuite transmise au président du Tribunal qui fixe la date de l'audience. Au jour et à l'heure de l'audience, les parties sont tenues de se présenter en personne et ont le droit de se faire assister et représenter. Les parties au litige peuvent ainsi demander à être assistées par un travailleur ou un employeur appartenant à la même branche d'activité, par un avocat inscrit au barreau mais aussi par un représentant des syndicats auxquels elles seraient affiliées. **3°) Portée de la décision rendue.** – La décision est exécutoire immédiatement, nonobstant opposition ou appel.

Chapitre 3. – Privilèges, garanties et prescription du salaire

112.- Créance salariale et super-privilège (art. 33.1 à 33.6). – 1°) Paiement sur les meubles et immeubles. – La créance salariale est privilégiée sur les meubles et immeubles du débiteur pour les douze derniers mois de salaire. S'il s'agit d'allocations de congés payés, ce privilège porte sur l'année suivant la date à laquelle le droit à ces congés a été acquis. **2°) Primauté sur les fournisseurs.** – Les sommes dues aux entrepreneurs de tous les travaux ayant le caractère de travaux publics ne peuvent être frappées de saisie-arrêt, ni d'opposition au préjudice des ouvriers titulaires de créances salariales. Ces créances sont payées de préférence aux sommes dues aux fournisseurs. **3°) Primauté sur les créances privilégiées.** – La créance de salaire et de ses accessoires prime sur toutes les créances privilégiées, y compris celle du Trésor public. **4°) Date de paiement.** – En cas de redressement judiciaire ou de liquidation des biens, les rémunérations de toute nature dues au travailleur sont payées dans les 10 jours suivant le jugement déclaratif, nonobstant l'existence d'une autre créance privilégiée, jusqu'à concurrence d'un plafond mensuel. **Régime juridique du super-privilège (art. 33.4).** – La créance salariale est privilégiée dans les conditions prévues par l'Acte uniforme de l'Organisation pour l'Harmonisation en Afrique du Droit des Affaires (OHADA) portant organisation des procédures simplifiées de recouvrement et des voies d'exécution.

113.- Prescription (art. 33.5 et art. 33.6). – 1°) Délai. – L'action en paiement du salaire et de ses accessoires se prescrit par deux ans pour tous les travailleurs. La prescription commence à courir à la date à laquelle les salaires sont dus. Le dernier jour du délai est celui qui porte le même quantième que le jour du point de départ de la prescription. **2°) Interruption.** – La prescription court même si le travailleur continue le travail. Elle n'est interrompue que par : *1)* une reconnaissance écrite de l'employeur mentionnant le montant du salaire dû ; *2)* une réclamation du travailleur lésé adressée à son employeur par lettre recommandée avec accusé de réception ; *3)* une requête adressée à l'Inspecteur du Travail et des Lois Sociales avec accusé de réception ; *4)* une requête déposée au Tribunal du Travail et enregistrée au greffe.

Chapitre 4. – Retenues sur les salaires

114.- Cession volontaire de la rémunération (art. 34.1). – 1°) Procédure. – En dehors des prélèvements obligatoires et des consignations qui peuvent être prévues par accord collectif, il ne peut être fait de retenues sur appointements ou salaires, pour le remboursement d'avances d'argent consenties par l'employeur au travailleur, que par cession volontaire de la rémunération. Cette cession est souscrite par le travailleur devant le président du tribunal du lieu de sa résidence ou l'Inspecteur du Travail et des Lois Sociales. Toutefois, lorsque le tribunal du Travail ou l'Inspecteur du Travail et des Lois Sociales est situé à plus de 25 km du lieu de résidence du travailleur, il peut être constaté un règlement amiable écrit entre l'employeur et le travailleur, devant le chef de l'unité administrative la plus proche, sur le montant de la retenue à opérer sur le salaire. **2°) Formalisme.** – L'acte de cession doit mentionner le montant et la cause de la dette ainsi que le montant de la retenue qui devra être prélevée par l'employeur à chaque versement de la rémunération.

115.- Quotité saisissable ou cessible (art. 34.2). – 1°) Assiette (D. n° 2014-370, art. 2). – L'assiette servant de calcul à la quotité saisissable ou cessible est constituée du traitement mensuel brut, y compris les accessoires, déduction faite : *1)* des taxes, impôts et prélèvements obligatoires retenus à la source ; *2)* des indemnités représentatives de frais ; *3)* des prestations, majorations et suppléments pour charge de famille ; *4)* des indemnités déclarées insaisissables par les textes en vigueur ; *5)* et de la rémunération des heures supplémentaires (art. 34.2). **2°) Quotité (D. n° 2014-370, art. 3 et 4).** – Dans le cadre d'une saisie de rémunération, le maximum de la quotité saisissable est égal à 33% de cette assiette. Dans le cadre d'une cession de la rémunération d'un travailleur à son employeur, les quotités cessibles sont établies selon le montant de la rémunération ainsi qu'il suit : *1)* jusqu'à 200 000 francs CFA, le taux applicable est de 35% ; *2)* de 200 001 à 400 000 francs CFA, le taux applicable est de 38% ; *3)* de 400 001 à 600 000 francs CFA, le taux applicable est de 42% ; *4)* de 600 001 à 800 000 francs CFA, le taux applicable est de 45% ; *5)* de 800 001 à 1 000 000 francs CFA, le taux applicable est de 48%. **3°) Autres sommes.** – Les sommes dues au titre du préavis, du licenciement et des voyages sont saisissables dans les mêmes conditions. **Dispositions contractuelles (art. 34.3).** – Les dispositions d'une convention ou d'un contrat autorisant tout autre prélèvement sont nulles de plein droit. **Conditions de saisie de la rémunération du travailleur (art. 34.4).** – Les créanciers du travailleur ne peuvent saisir les rémunérations de ce dernier que conformément aux dispositions du titre V de l'Acte uniforme portant organisation des voies d'exécution du traité de l'OHADA, relatives à la saisie et à la cession des rémunérations.

TITRE 5. – Santé et sécurité et organismes de santé au travail

Chapitre premier. – Santé et sécurité au travail

116.- Définition (art. 41.1). – On entend par santé et sécurité au travail, la discipline qui vise à : *1)* promouvoir et maintenir le plus haut degré possible de bien-être physique, mental et social des travailleurs ; *2)* prévenir les effets néfastes des mauvaises conditions de travail sur la santé des travailleurs ; *3)* protéger les travailleurs contre les dangers qui menacent leur santé ; *4)* placer et maintenir les travailleurs dans un environnement de travail adapté à leurs conditions physiques et mentales ; *5)* adapter le travail à l'homme.

117.- Obligations de l'employeur (art. 41.2, 41.3 et 41.7). – 1°) Obligation générale. – Pour protéger la vie et la santé des salariés, l'employeur est tenu de prendre toutes les mesures utiles adaptées aux conditions d'exploitation de l'entreprise. L'employeur ou son représentant doit organiser le contrôle permanent du respect des règles d'hygiène et de sécurité. **2°) Déclinaisons.** – L'employeur est notamment tenu d'aménager les installations et de régler la marche du travail de façon à préserver la santé des travailleurs. Il doit également organiser une formation en matière d'hygiène et de sécurité au bénéfice des travailleurs nouvellement embauchés et de ceux qui changent de service ou de fonction. Cette formation est actualisée en cas d'évolutions de la législation ou de la réglementation. **Obligations des travailleurs (art. 41.7).** – Les salariés doivent respecter les consignes qui leur sont données, utiliser correctement les dispositifs de salubrité et de sécurité, et s'abstenir de les enlever ou de les modifier sans autorisation de l'employeur.

118.- Alerte et retrait (art. 41.4 et 41.5). – 1°) Alerte. – Le salarié signale immédiatement à l'employeur ou à son représentant et au Comité de santé et de sécurité au travail toute situation de travail dont il a un motif raisonnable de penser qu'elle présente un danger grave et imminent pour sa vie ou sa santé ou pour celle d'autrui, ainsi que toute défectuosité qu'il constate dans les systèmes de protection. **2°) Retrait. –** Tout salarié doit se retirer d'une situation de travail dangereuse. Aucune sanction, aucune retenue de salaire ne peut être prise à son encontre. **3°) Enquête. –** Tout danger grave et imminent est mentionné sur un registre spécifique par le Comité de santé et de sécurité au travail. Une enquête est menée conjointement par l'employeur et ce dernier. En cas de divergence sur la réalité du danger, la partie la plus diligente saisit l'Inspecteur du Travail et des Lois Sociales qui convoque alors une réunion extraordinaire du Comité de santé et de sécurité au travail. Assistent obligatoirement à cette réunion, qui se tient dans les 24 heures suivant la convocation, le médecin inspecteur du travail et le contrôleur en prévention de l'Institution de Prévoyance sociale.

119.- Boissons alcoolisées (art. 41.6). – Il est interdit à toute personne d'introduire, de distribuer ou de laisser introduire ou distribuer des boissons alcoolisées à l'usage des travailleurs dans les locaux de l'entreprise. **Eau potable (art. 41.6). –** L'approvisionnement en eau potable aux lieux et pendant les heures de travail est assuré par l'employeur. Cette eau doit faire l'objet de contrôles périodiques par les services habilités de l'Etat.

120.- Mesures générales de protection et de salubrité (art. 41.8). – Le décret n° 98-38 du 28 janvier 1998 relatif aux mesures générales d'hygiène détermine l'ensemble des mesures qui doivent être prises par l'employeur pour garantir la sécurité et la santé des travailleurs. Il traite tout à la fois des normes de nettoyage et de ventilation des locaux, des règles d'approvisionnement et de stockage des eaux potables, des fosses d'aisance ou encore des voies d'évacuation des poussières. Toute infraction à ces dispositions est passible d'une contravention de deuxième classe (D. n° 98-38, art. 12). **Sanctions pénales.** – v. *infra* n° 210.

Chapitre 2. – Comité de Santé et Sécurité au Travail

121.- Seuil de mise en place et composition (art. 42.1 et 42.2). – Les entreprises ou établissements employant plus de cinquante salariés sont tenus de créer un Comité de Santé et de Sécurité au Travail qui se compose : *1)* du chef d'entreprise (ou de son représentant) ; *2)* des représentants du personnel ; *3)* du chef de service de la sécurité ou de tout autre agent chargé des questions de sécurité ; *4)* du médecin et de l'assistant social de l'entreprise ; *5)* du responsable de la formation ; *6)* et d'un secrétaire désigné par le chef d'entreprise parmi les représentants du personnel (D. n° 96-206, art. 1). Peuvent également assister à titre consultatif aux réunions du comité, l'Inspecteur du Travail et des Lois Sociales, le médecin inspecteur du travail, le technicien de la prévention de la Caisse nationale de Prévoyance sociale ou toute autre personne qualifiée (D. n° 96-206, art. 10). **Sanctions pénales.** – v. *infra* n° 213.

122.- Election des représentants au Comité. – Le texte vise l'élection et la désignation, sans que l'on puisse véritablement distinguer les deux hypothèses. **1°) Qualités.** – Les représentants du personnel au comité de santé et de sécurité sont élus par les travailleurs compte tenu de leurs connaissances techniques ou de leurs aptitudes en matière d'hygiène, de santé et de sécurité au travail (D. n° 96-206, art. 5). **2°) Nombre de représentants.** – Leur nombre varie en fonction de la taille de l'entreprise. Il est fixé à (D. n° 96-206, art. 6) : *1)* 2 représentants entre 50 et 100 travailleurs ; *2)* 7 représentants entre 101 et 300 travailleurs (curieusement, le nombre de représentants est ici supérieur au nombre de représentants dans la tranche suivante) ; *3)* 5 représentants entre 301 et 750 travailleurs ; *4)* 7 représentants à partir de 751 travailleurs. **3°) Durée du mandat.** – Les représentants sont élus pour 2 ans renouvelables. Lorsqu'un membre cesse d'exercer ses fonctions en cours de mandat, il est remplacé dans un délai d'un mois pour la période du mandat restant à courir. Le remplaçant est désigné dans les conditions évoquées ci-avant. **4°) Protection.** – Les représentants du personnel jouissent, à ce titre, d'un statut protecteur (D. n° 96-206, art. 14).

123.- Missions du Comité de Santé et de Sécurité au Travail (art. 42.3). – Sans préjudice des attributions des délégués du personnel, le comité de santé et de sécurité au travail examine les conditions de santé et de sécurité des travailleurs de l'entreprise et s'assure que les dispositions réglementaires et législatives relatives à la protection et à la sécurité au travail sont respectées. Plus précisément, il procède à l'analyse des risques professionnels, effectue des inspections de l'entreprise, promeut la prévention des risques et la formation des salariés et enfin, veille à l'information des nouveaux travailleurs sur les risques auxquels ils peuvent être exposés dans l'entreprise (D. n° 96-206, art. 2).

124.- Consultation du Comité de Santé et de Sécurité au Travail. – Le Comité est consulté avant toute décision d'aménagement important modifiant les conditions d'hygiène et de sécurité, notamment la transformation importante des postes de travail ou le changement d'outillage. Il donne également son avis sur le programme annuel de prévention des risques élaboré par le chef d'entreprise. Enfin, il est consulté sur la teneur de tout document se rattachant à sa mission et transmis à l'Inspection médicale du travail et à l'Inspection du travail (règlements et consignes de sécurité, etc.), et participe au choix des équipements de protection individuels et collectifs (D. n° 96-206, art. 3). **Rapport sur la situation générale.** – Au moins une fois par an, l'employeur présente un rapport écrit faisant le bilan de la situation générale de la sécurité et des conditions de travail pendant l'année écoulée. Ce bilan fait apparaître les statistiques des accidents du travail et des maladies professionnelles. Il comporte un programme annuel de prévention et fixe précisément les mesures à prendre au cours de l'année à venir, les modalités de leur mise en œuvre, et leur coût. Le Comité de Santé et de Sécurité au Travail et des conditions de travail émet un avis sur ce plan et peut adopter des mesures supplémentaires (D. n° 96-206, art. 11). Rapport, programme et avis du Comité sont transmis pour information à l'Inspection médicale du travail, à l'Inspection du travail et à la Caisse nationale de Prévoyance sociale (D. n° 96-206, art. 12). **Obligation de discrétion.** – Dans l'exercice de leurs fonctions, les membres du comité sont soumis à une obligation de discrétion. Ils sont tenus au secret professionnel s'agissant des procédés de fabrication de l'entreprise (D. n° 96-206, art. 15).

125.- Réunion, ordre du jour et procès-verbal. – Le Comité se réunit au moins une fois par trimestre, à l'initiative de son président. Un ordre du jour est communiqué par le secrétaire aux membres de droit et aux membres invités au moins quinze jours avant la tenue de la réunion. La réunion a lieu au sein de l'entreprise pendant les heures de travail. Elle donne lieu à l'établissement d'un procès-verbal par le secrétaire. Celui-ci est transmis à l'Inspection Médicale du Travail, à l'Inspection du Travail et à la Caisse nationale de Prévoyance Sociale. **Réunions extraordinaires.** – Le comité se réunit à la suite de tout accident grave ou qui aurait pu l'être, ou à la demande motivée de deux de ses membres représentants du personnel (D. n° 96-206, art. 8).

Chapitre 3. – Services de santé au travail

126.- Obligation (art. 43.1). – Tout employeur doit assurer un service de santé au travail au profit des travailleurs qu'il emploie. Ce service de santé au travail existe sous deux formes : *1)* le service médical autonome ; *2)* le service médical interentreprises. **Prestations du service de santé au travail (art. 43.2 à 43.4).** – Les prestations de santé au travail correspondent essentiellement à : *1)* la surveillance du milieu de travail afin de prévenir la survenance de maladies professionnelles ou d'accidents du travail ; *2)* la surveillance de la santé des travailleurs qui consiste en un examen médical à l'entrée des candidats à l'embauche ou des travailleurs récemment embauchés (au plus tard avant la fin de la période d'essai), des examens périodiques des salariés en vue de s'assurer du bon état de santé et du maintien de leur aptitude au poste de travail occupé, et du diagnostic précoce de maladies professionnelles. Ces prestations sont garanties à tout travailleur quels que soient le secteur d'activité et la taille de l'entreprise. **Direction du service de santé au travail (art. 43.3).** – Le service de santé au travail est dirigé par un médecin titulaire d'un diplôme de médecine du Travail et remplissant les conditions d'exercice de la médecine en Côte d'Ivoire.

Chapitre 4. – Services sociaux des entreprises

127.- Seuil de mise en place (art. 44.1). – Un service social est créé dans toute entreprise qui occupe au moins 500 salariés, au bénéfice des travailleurs qu'elle emploie. **Missions (art. 44.2 et 44.3).** – Le service social a pour mission, par une action sur les lieux mêmes du travail, de suivre et de faciliter la vie personnelle des travailleurs et notamment de ceux qui souffrent d'un handicap durable ou temporaire. Il est assuré par un assistant social qui collabore avec le service médical ; il est membre du Comité de santé et de sécurité au travail.

TITRE 6. – Les syndicats professionnels

Chapitre premier. – Liberté syndicale et constitution des syndicats

128.- Principe (art. 51.1). – La liberté syndicale s'exerce dans toute entreprise, dans le respect des droits et libertés garantis par la Constitution et en particulier la liberté individuelle du travail. **Mission des syndicats professionnels (art. 51.2).** – Les syndicats professionnels sont des associations de personnes exerçant une profession, des métiers similaires ou connexes et ayant exclusivement pour objet l'étude et la défense des droits ainsi que des intérêts matériels et moraux, tant collectifs qu'individuels, des personnes, professions ou entreprises visées par leurs statuts.

129.- Création d'un syndicat professionnel (art. 51.2 et 51.3). – 1°) Création et adhésion. – Les travailleurs ainsi que les employeurs, les professions libérales ou les exploitants indépendants n'employant pas de personnel peuvent constituer librement des syndicats professionnels de leur choix dans le secteur d'activité ou le secteur géographique qu'ils déterminent. Ils ont le droit d'y adhérer librement, de même que les personnes ayant quitté l'exercice de leur fonction ou de leur profession sous réserve d'avoir exercé celle-ci pendant au moins un an. Les mineurs âgés de plus de seize ans peuvent également adhérer à un syndicat, sauf opposition de leur père, mère ou tuteur. 2°) **Section syndicale.** – Les syndicats nationaux peuvent être représentés par des sections syndicales d'entreprise. La section syndicale jouit de tous les droits conférés aux syndicats professionnels. Les syndicats de base d'entreprise disposant de plusieurs établissements peuvent être représentés au sein desdits établissements par des sections syndicales. **3°) Nombre de sections.** – Aucun syndicat de base ou syndicat national relevant d'une fédération ou d'une confédération syndicale ne peut constituer plus d'une section syndicale dans l'établissement ou dans l'entreprise. **Statuts du syndicat professionnel (art. 51.5 et 51.10)**. – **1°) Rédaction.** – Les syndicats professionnels élaborent librement leurs statuts et règles de fonctionnement et définissent librement leur programme d'action et leurs activités. **2°) Dépôts des statuts.** – Les fondateurs de tout syndicat doivent déposer à la mairie, ou au siège de la circonscription où le syndicat est établi, les statuts et noms de ceux qui, à un titre quelconque, sont chargés de son administration ou de sa direction. Une copie est adressée à l'Inspecteur du Travail et des Lois Sociales et au Procureur de la République. Une dernière copie est déposée à la direction de l'entreprise pour information. **3°) Modifications des statuts.** – Les modifications apportées aux statuts et les changements survenus dans la composition de la direction du syndicat doivent être portés, dans les mêmes conditions, à la connaissance des mêmes autorités. **Conditions pour diriger un syndicat (art. 51.6).** – Les membres chargés de la direction ou de l'administration d'un syndicat doivent : *1)* être ivoiriens ou ressortissants d'un Etat avec lequel a été passé un accord de réciprocité en matière de droit syndical ; *2)* jouir de leurs droits civils et politiques.

130.- Suspension et dissolution administrative du syndicat (art. 51.11). – Les syndicats professionnels ne peuvent faire l'objet d'une suspension ou d'une dissolution administrative. **Dissolution volontaire (art. 51.11).** – En cas de dissolution volontaire d'un syndicat, statutaire ou prononcée par un juge, ses biens sont dévolus conformément aux statuts ou, à défaut de dispositions statutaires, suivant les règles déterminées par l'Assemblée générale. En aucun cas ils ne peuvent être répartis entre les membres adhérents.

131.- Discrimination, égalité de traitement et pressions patronales (Art. 51.4, 51.8 et Convention collective interprofessionnelle, art. 9). – Les employeurs s'engagent à ne pas prendre en considération le fait pour un travailleur d'appartenir ou non à un syndicat ou d'exercer ou non des fonctions syndicales. A l'inverse, le travailleur membre du bureau d'un syndicat professionnel ne peut jouir d'un traitement de faveur ou prétendre à un changement d'emploi en invoquant sa qualité. Les employeurs sont également tenus de n'exercer aucune pression ni contrainte quelconque à l'encontre des membres d'une organisation syndicale. **Sanctions pénales.** – v. *infra* n° 212. **Protection du travailleur syndicaliste (art. 51.8).** – Le secrétaire général ainsi que les cinq premiers secrétaires généraux adjoints des organisations syndicales d'entreprise et des sections syndicales employés dans une entreprise ne peuvent être mutés contre leur gré pendant la durée de leur mandat sans l'autorisation préalable de l'Inspecteur du Travail et des Lois sociales.

Chapitre 2. – Capacité civile des syndicats professionnels

132.- Capacité civile (art. 52.1 et 52.6). – Les syndicats professionnels jouissent de la capacité civile. Ils ont le droit d'ester en justice et d'acquérir sans autorisation, à titre gratuit ou onéreux, des biens meubles ou immeubles. Ils peuvent passer des contrats ou des conventions avec tout autre syndicat, société, entreprise ou personne. **Défense de l'intérêt collectif de la profession (art. 52.2).** – Les syndicats professionnels peuvent, devant toutes les juridictions, exercer tous les droits réservés à la partie civile pour obtenir réparation d'un préjudice direct ou indirect causé par une atteinte à l'intérêt collectif de la profession qu'ils représentent. **Expertise du syndicat professionnel (art. 52.8).** – Les syndicats professionnels peuvent être consultés sur tous les différends et toutes les questions se rattachant à leur spécialité. Ils s'efforcent de répondre à toutes les consultations qui leur sont adressées par les fonctionnaires de l'Administration du Travail et de prêter à ceux-ci leur collaboration dans tous les cas où elle est prescrite par la loi ou les règlements. Dans les affaires contentieuses, les avis du syndicat sont tenus à disposition des parties qui peuvent en prendre connaissance et copie.

133.- Œuvres sociales du syndicat (art. 52.3, 52.4, 52.5 et 52.7). – Les syndicats professionnels peuvent affecter une partie de leurs ressources à la création de logements de travailleurs, à l'acquisition de terrains de culture ou de terrains d'éducation physique à l'usage de leurs membres. Ils peuvent également subventionner des sociétés coopératives de production ou de consommation. Ils peuvent enfin créer, administrer ou subventionner des œuvres professionnelles telles que : *1)* des institutions de prévoyance ; *2)* des caisses de solidarité ; *3)* des laboratoires ; *4)* des champs d'expérience ; *5)* des œuvres d'éducation scientifique, agricole ou sociale ; *6)* des cours et publications intéressant la profession. Les immeubles et meubles nécessaires à leurs réunions, à leurs bibliothèques et à leurs cours d'instruction professionnelle sont insaisissables. Sous réserve d'y être autorisés par leurs statuts et à condition de ne pas distribuer de bénéfices, les syndicats professionnels peuvent également : *1)* acheter pour louer, prêter ou répartir entre leurs membres tout ce qui est nécessaire à l'exercice de la profession (tels que des outils, instruments, machines ou engrais) ; *2)* prêter leur entreprise gratuitement pour la vente de produits provenant exclusivement du travail personnel ou des exploitations des syndiqués ; faciliter cette vente par exposition, annonces, publications.

Chapitre 3. – Groupements de syndicats

134.- Concertation (art. 53.1). – Les syndicats professionnels régulièrement constitués peuvent se concerter librement dans le cadre de leur objet statutaire. **Groupement syndical (art. 53.2). – 1°) Fédération syndicale.** – La fédération syndicale est une union syndicale horizontale. Elle regroupe au moins 5 syndicats de base d'un même secteur ou d'une même branche d'activité. **2°) Confédération syndicale.** – La confédération ou union syndicale est une union verticale regroupant au moins 3 fédérations syndicales de différents secteurs ou de différentes branches d'activité. **Représentation nationale et internationale (art. 53.3).** – Les confédérations ou unions syndicales sont seules habilitées à représenter leurs membres sur le plan national et international, pour des questions qui intéressent plusieurs secteurs d'activité. Il en va de même pour les négociations avec le Gouvernement ou le patronat. **Règles régissant les groupements de syndicats (art. 53.4).** – Les règles régissant les groupements de syndicats sont les mêmes que celles régissant les syndicats de base.

Chapitre 4. – Représentativité et moyens des syndicats professionnels

135.- Représentativité d'une organisation syndicale (art. 54.1). - Pour être représentative, une organisation syndicale doit avoir une audience suffisante dans le secteur d'activité et géographique qui est le sien. L'audience est calculée sur la base des résultats des élections professionnelles. **1°) Représentativité du syndicat dans le cadre de l'établissement ou de l'entreprise.** – L'audience d'un syndicat professionnel est considérée comme suffisante dans le cadre d'un établissement ou de l'entreprise, lorsqu'il a obtenu, lors des dernières élections des délégués du personnel, au premier ou au second tour, au moins 30% des suffrages valablement exprimés représentant au moins 15% des électeurs inscrits. **2°) Représentativité du syndicat dans un cadre géographique et professionnel plus large.** – L'audience est considérée comme suffisante, dans un cadre professionnel et géographique plus large, lorsque l'organisation est représentative dans une ou plusieurs entreprises employant ensemble au moins 15% des salariés qui travaillent dans le secteur géographique et professionnel concerné. **Représentativité patronale.** – L'audience d'une organisation professionnelle d'employeurs est considérée comme suffisante : *1)* soit lorsqu'elle regroupe au moins 30% des entreprises du secteur géographique ou d'activité qui est le sien, *2)* soit lorsqu'elle regroupe des entreprises qui emploient ensemble au moins 25% des salariés qui travaillent dans le secteur géographique et d'activité qui est le sien.

136.- Moyens des syndicats professionnels (1). – Des panneaux d'affichage en nombre suffisant sont mis à la disposition des organisations syndicales pour leur communication avec le personnel. Les informations communiquées doivent avoir un but exclusivement professionnel ou syndical et ne doivent pas revêtir un caractère polémique. Un exemplaire est transmis à l'employeur (Convention collective interprofessionnelle, art. 10). Des circulaires et tracts peuvent également être distribués aux salariés. L'employeur doit en être informé 24 heures à l'avance et la presse et les circulaires doivent avoir reçu l'agrément de la centrale syndicale. La distribution s'effectue à proximité des panneaux d'affichage en dehors du temps de travail (Convention collective interprofessionnelle, art. 10). **Moyens des syndicats professionnels (2). Heures de délégation.** – Des heures de délégation rémunérées sont accordées aux travailleurs membres d'organisations syndicales pour (Convention collective interprofessionnelle, art. 9) : *1)* participer aux assemblées statutaires de l'organisation dont ils sont membres et sous réserve de la présentation au moins quatre jours avant la réunion d'une convocation écrite et nominative ; *2)* participer aux cours de formation syndicale dispensés dans le cadre de l'éducation ouvrière ; *3)* participer à une commission paritaire sous réserve de l'information préalable de l'employeur par le travailleur, lequel devra s'efforcer de réduire au minimum la gêne occasionnée. Il appartient alors aux organisations professionnelles organisatrices de la commission de déterminer de quelle façon et dans quelles limites la participation sera facilitée.

137.- Congé de formation syndicale. – 1°) Définition (art. 13.32). – Le congé de formation syndicale est une période au cours de laquelle les représentants des travailleurs participent à une formation syndicale. **2°) Durée.** – La durée de ce congé, qui ne peut excéder trois semaines dans l'année, est fixée d'un commun accord entre l'employeur et les syndicats des travailleurs. Ce congé ne vient pas en déduction de la durée normale du congé payé. Les parties s'emploient à ce que ces absences n'apportent pas de gêne à la marche normale du travail. **3°) Rémunération.** – Le temps non travaillé est rémunéré par l'employeur comme temps de travail effectif. Il n'est pas récupérable et il est considéré comme un temps de service pour la détermination des droits du travailleur au congé payé.

Chapitre 5. – Caisses de secours mutuel et de retraite

138.- Droit (art. 56.1). – Les syndicats peuvent, en se conformant aux dispositions des lois en vigueur, constituer entre leurs membres des caisses spéciales de secours mutuel ou de retraite. **Insaisissabilité des fonds (art. 56.2).** – Les fonds de ces caisses spéciales sont insaisissables dans les limites déterminées par la loi. **Droits d'un adhérent ayant quitté le syndicat (art. 56.3).** – Toute personne qui se retire du syndicat conserve le droit d'être membre de sociétés de secours mutuels et de retraites pour la vieillesse à l'actif desquelles elle a contribué par ses cotisations ou versements de fonds.

Chapitre 6. – Cotisations syndicales

139.- Recouvrement des cotisations syndicales (art. 57.7). – Le recouvrement des cotisations syndicales s'effectue à l'intérieur de l'établissement. Il s'opère à la source sur le salaire du travailleur. A cet effet, le responsable syndical doit adresser un courrier de demande de prélèvement des cotisations de ses membres ou adhérents à la direction générale de l'entreprise, accompagnée de la fiche de prélèvement émargée par chaque adhérent. L'employeur doit alors prélever les cotisations et les reverser aux syndicats. Il ne peut faire de rétention de cotisations.

TITRE 7. – La représentation des travailleurs dans l'entreprise

Chapitre premier. – Délégués du personnel

140.- Mise en place. – 1°) Seuil. –Le nombre de travailleurs à partir duquel l'élection de délégués du personnel est obligatoire dans l'établissement est fixé à onze salariés (D. n° 96-207, art. 1). **2°) Salariés pris en compte dans le calcul de l'effectif.** – Sont pris en compte dans le calcul de l'effectif les travailleurs occupés habituellement dans l'établissement. Sont assimilés comme tels les apprentis, les travailleurs engagés à l'essai, les travailleurs à temps partiel, les travailleurs saisonniers effectuant des périodes de travail régulières d'au moins six mois au cours de l'année, les travailleurs occupés ou rémunérés à l'heure ou à la journée qui totalisent l'équivalent de six mois de travail au sein de l'établissement, et les gérants et représentants liés par un contrat de travail (D. n° 96-207, art. 3). **Cadre de désignation et durée du mandat (art. 61.2).** – Les délégués du personnel sont élus dans chaque entreprise ou chaque établissement pour une durée de deux ans. Ils sont rééligibles. L'établissement s'entend comme un groupe de personnes travaillant en commun de façon habituelle, en un même lieu tel qu'une usine, un chantier, un local, un point de rassemblement, sous une même autorité directrice. De même, l'entreprise s'entend de toute organisation qui, peu importe sa forme juridique, poursuit une activité de production, de distribution ou de fourniture de biens ou services. Elle peut comporter un établissement avec lequel elle se confond ou plusieurs établissements distincts les uns des autres. Lorsque plusieurs établissements d'une même entreprise situés dans une même localité et dans un rayon maximum de 20 kilomètres ne comportent pas de délégués du personnel, les effectifs de ces établissements sont appréciés globalement en vue de la constitution d'un collège électoral qui élira son ou ses délégués (Convention collective interprofessionnelle, art. 84). **Nombre de délégués à élire (D. n° 96-207, art. 2).** – Le nombre de délégués à élire est fonction de l'effectif. Il est fixé comme suit : *1)* de 11 à 25 travailleurs : 1 délégué titulaire et 1 suppléant ; *2)* de 26 à 50 travailleurs : 2 délégués titulaires et 2 suppléants ; *3)* de 51 à 100 travailleurs : 3 délégués titulaires et 3 suppléants ; *4)* de 101 à 250 travailleurs : 5 délégués titulaires et 5 suppléants ; *5)* de 251 à 500 travailleurs : 7 délégués titulaires et 7 suppléants ; *6)* de 500 à 1000 travailleurs : 9 délégués titulaires et 9 suppléants ; *7)* Plus 1 délégué titulaire et 1 suppléant par tranche supplémentaire de 50 travailleurs. **Suppléant (art. 61.7).** – Chaque délégué a un suppléant élu dans les mêmes conditions qui le remplace en cas d'absence motivée, de décès, de démission, de révocation, de changement de catégorie professionnelle, de résiliation du contrat de travail et de perte des conditions requises pour l'éligibilité. **Obligations de l'employeur et autres acteurs des élections (art. 61.5).** – L'initiative des élections incombe à l'employeur. L'Inspecteur du Travail et des Lois Sociales participe à leur organisation et à leur déroulement. En cas de renouvellement de l'institution, les élections doivent être organisées dans le mois qui précède la fin des mandats. De même, en cas de carence de l'employeur, l'Inspecteur du Travail et des Lois Sociales peut ordonner l'organisation d'élections. Les mandats en cours sont prorogés jusqu'aux nouvelles élections sauf si l'entreprise (ou l'établissement) n'est plus soumise à l'obligation d'élire des délégués du personnel.

141.- Conditions pour être électeur. – Sont électeurs les travailleurs des deux sexes âgés de 18 ans révolus, ayant travaillé six mois au moins dans l'entreprise et jouissant de leurs droits civiques (D. n° 96-207, art. 15). **Conditions d'éligibilité.** – Sont éligibles les électeurs âgés de 21 ans accomplis, citoyens ivoiriens, sachant s'exprimer en français et ayant travaillé dans l'entreprise sans interruption pendant douze mois au moins (D. n° 96-207, art. 16). **Liste de candidats et accord préélectoral. – 1°) Liste.** – Les délégués sont élus d'une part par les ouvriers et d'autre part par les ingénieurs, chefs de service, techniciens, agents de maitrise et cadres et assimilés sur des listes établies par les organisations syndicales. Ces listes sont affichées par les soins du chef d'établissement trois jours au moins avant le scrutin. Pendant la période comprise entre le dépôt des listes électorales et le déroulement du scrutin, les candidats bénéficient des mesures de protection accordées aux représentants du personnel (Convention collective interprofessionnelle, art. 88). **2°) Accord.** – La répartition du personnel dans les collèges électoraux ainsi que la répartition des sièges font l'objet d'un accord entre le chef d'établissement et les organisations syndicales intéressées (D. n° 96-207, art. 4). La loi et le décret ne précisent pas les conditions de rédaction et de conclusion (majorité ? unanimité ?) de cet accord. Ils ne prévoient pas plus l'hypothèse où un accord ne serait pas trouvé.

142.- Déroulement du scrutin (art. 61.4 et 61.6). – **1°) Lieu et date.** – Le vote a lieu au sein de l'établissement. Les horaires d'ouverture et de fermeture du bureau de vote sont fixés conjointement par le chef d'établissement et les organisations syndicales et sont soumis à publicité par voie d'affichage au moins quinze jours avant les élections (D. n° 96-207, art. 7). **2°) Secret du scrutin et second tour.** – L'élection des délégués du personnel a lieu au scrutin secret sur des listes établies par les organisations syndicales. Si le nombre de suffrages valablement exprimés est inférieur à la moitié des électeurs inscrits, il est procédé au second tour de scrutin. A défaut d'organisation syndicale ou en cas de carence de liste, un procès-verbal de carence est dressé par l'Inspecteur du Travail et des Lois Sociales. Des candidats qui ne sont pas présentés par des organisations syndicales sont alors susceptibles d'être retenus pour le scrutin (D. n° 96-207, art. 5). **2°) Proportionnelle.** – L'élection des délégués du personnel se fait à la proportionnelle. Les sièges éventuellement restants sont attribués à la plus forte moyenne. **3°) Contestations des élections.** – Les contestations relatives à l'électorat, à l'éligibilité ainsi qu'à la régularité des opérations électorales sont de la compétence du président du Tribunal du Travail qui statue en urgence en premier et dernier ressort.

143.- Missions du délégué du personnel (art. 61.12). – Les délégués du personnel ont pour mission de : *1)* présenter aux employeurs toutes les réclamations individuelles ou collectives qui n'auraient pas été satisfaites concernant les conditions de travail et la protection des travailleurs, l'application des conventions collectives, des classifications et des taux de salaires ; *2)* de saisir l'Inspection du Travail et des Lois Sociales de toute plainte ou réclamation concernant l'application des prescriptions légales ou réglementaires dont elle est chargée d'assurer le respect ; *3)* de veiller, dans l'entreprise où il n'existe pas de Comité de santé au travail, à l'application des prescriptions relatives à l'hygiène et à la sécurité des travailleurs et à la prévoyance sociale, et de proposer toute mesure utile à ce sujet ; *4)* de communiquer à l'employeur toute suggestion tendant à l'amélioration de l'organisation et du rendement de l'entreprise. Les attributions des délégués du personnel n'ont pas pour effet de priver les travailleurs de la faculté de présenter eux-mêmes leurs réclamations et suggestions à l'employeur.

144.- Information des délégués du personnel (art. 61.13). – 1°) Obligation d'information. – Chaque année, l'employeur a l'obligation d'informer les délégués du personnel de la situation de l'entreprise, notamment en leur communiquant les états financiers approuvés. En cas d'augmentation du capital ouvert au public, l'employeur est tenu d'en informer les délégués du personnel. **2°) Secret professionnel et obligation de discrétion.** – Les délégués du personnel sont tenus au secret professionnel et à une obligation de discrétion pour les informations présentant un caractère confidentiel et données comme telles par le chef d'entreprise ou son représentant.

145.- Moyens mis à la disposition des délégués du personnel (art. 61.14). – 1°) Heures de délégation. – Les délégués du personnel disposent de quinze heures par mois pour exercer leur mission. Les heures de délégation sont assimilées à du temps de travail effectif et rémunéré comme tel (D. n° 96-207, art. 18). **2°) Local.** – Le chef d'établissement est tenu de mettre à leur disposition un local leur permettant de se réunir (D. n° 96-207, art. 19). **3°) Affichage.** – Les délégués du personnel peuvent faire afficher les renseignements qu'ils ont pour rôle de porter à la connaissance du personnel. Les panneaux d'affichage mis à leur disposition doivent être installés dans un endroit apparent et de préférence sur les lieux de passage du personnel (D. n° 96-207, art. 20). **Réunions. – 1°) Réunion à l'initiative de l'employeur. –** Les délégués du personnel, titulaires et suppléants, sont reçus collectivement par le chef d'établissement ou son représentant au moins une fois par semaine. Au cours de ces réunions, ils ont la faculté de se faire assister par un représentant de leur syndicat (D. n° 96-207, art. 22). Les délégués du personnel élaborent une note écrite exposant sommairement l'objet de leur demande. Sauf circonstances exceptionnelles (urgence de la demande, imminence d'un trouble grave, etc.), ils doivent la transmettre au chef d'établissement deux jours avant la réunion. Cette note est retranscrite dans un registre spécial sur lequel est mentionnée, dans un délai ne pouvant excéder six jours, la réponse à cette note. Ce registre est tenu à la disposition des salariés et de l'Inspecteur du Travail et des Lois Sociales (D. n° 96-207, art. 23). **2°) Réunion à la demande des délégués.** –Toute demande d'audience doit être formulée auprès de l'employeur ou son représentant, par écrit, au moins (Convention collective interprofessionnelle, art. 86) : *1)* 2 jours avant la date souhaitée pour une audience avec le chef de service ; *2)* 4 jours avant la date souhaitée pour une audience avec l'employeur. En cas d'urgence, la demande est formulée oralement par deux délégués du personnel sans qu'aucun de ces délais ne soit applicable.

146.- Fin du mandat. – Les délégués dont le mandat a pris fin continuent de bénéficier de la protection accordée aux représentants du personnel pendant 6 mois à compter de la date d'expiration du mandat (Convention collective interprofessionnelle, art. 88). **Révocation.** – Tout délégué du personnel peut être révoqué en cours de mandat sur proposition de l'organisation syndicale qui l'a présenté, approuvée au scrutin secret par la majorité du collège électoral auquel il appartient. S'il n'a pas été présenté par une organisation syndicale, il peut être révoqué sur pétition écrite, signée de la majorité du collège électoral auquel il appartient et confirmée au scrutin secret par la majorité du collège (D. n° 96-207, art. 26).

147.- Licenciement du délégué du personnel (art. 61.8). – **1°) Autorisation administrative.** – Tout licenciement d'un délégué du personnel envisagé par l'employeur ou son représentant est soumis à l'autorisation préalable de l'Inspecteur du Travail et des Lois Sociales. La demande d'autorisation lui est adressée avec copie au travailleur. **2°) Faute lourde.** – En cas de faute lourde, l'employeur peut prononcer immédiatement la mise à pied provisoire de l'intéressé dans l'attente de la décision de l'Inspecteur du Travail et des Lois Sociales. Dans ce cas, la demande d'autorisation est envoyée dans un délai de quatre jours ouvrables à compter de la mise à pied. **3°) Décision de l'Inspecteur.** – La décision de l'Inspecteur est motivée et intervient obligatoirement, après enquête contradictoire, dans un délai maximum d'un mois. Cette décision est simultanément notifiée par écrit au travailleur et à l'employeur. **4°) Recours.** – La décision de l'Inspecteur peut faire l'objet des recours de droit commun prévus contre les décisions administratives. **Nullité du licenciement et sanctions (art. 61.9 à 61.10).** – **1°) Principe.** – Est nul et de nul effet le licenciement d'un délégué du personnel effectué par l'employeur sans que les prescriptions légales n'aient été respectées. Le travailleur est en droit de demander sa réintégration dans l'entreprise par tout moyen laissant trace écrite. Il percevra alors son salaire correspondant à la période de suspension du contrat de travail. **2°) Indemnisation.** – Si l'employeur ne réintègre pas le travailleur dans un délai de huit jours à compter de la réception de la demande de réintégration, il est tenu de lui verser une indemnité spéciale égale à la rémunération due pendant la période de suspension du contrat ainsi qu'une indemnité spéciale égale à : *1)* 12 mois de salaire brut lorsque le délégué compte de 1 à 5 ans d'ancienneté dans l'entreprise ; *2)* 20 mois de salaire brut lorsqu'il compte de 5 ans à 10 ans d'ancienneté ; *3)* 2 mois de salaire brut par année de présence avec un maximum de 36 mois lorsqu'il compte plus de 10 ans d'ancienneté.

L'ancienneté est calculée à la date de suspension des activités professionnelles au sein de l'entreprise.

148.- Mutation du délégué du personnel (art. 61.11). – Le délégué du personnel ne peut être muté contre son gré, sauf à obtenir l'accord de l'Inspecteur du Travail et des Lois Sociales, si cette mutation a pour effet de le déplacer hors de sa circonscription électorale.

Chapitre 2. – Délégués syndicaux

149.- Désignation des délégués syndicaux (art. 62.1). – Un délégué syndical peut être désigné au sein de l'entreprise et de l'établissement par toute organisation syndicale régulièrement constituée et représentative (*v. supra* n ° 135) des travailleurs. Lorsqu'il existe un collège propre à l'encadrement, les critères de représentativité sont appréciés dans ce seul collège pour toute organisation qui ne présente de candidats que dans celui-ci. Le délégué syndical est désigné avec l'approbation de la majorité des travailleurs membre dudit syndicat qui en informe le chef d'entreprise ou son représentant (D. n° 96-207, art. 27). **Seuils d'effectif.** – Un délégué syndical est désigné dans l'entreprise ou l'établissement qui compte au moins 100 travailleurs. Il est désigné un délégué syndical complémentaire par tranche de 300 travailleurs, sans toutefois dépasser le nombre maximum de trois délégués syndicaux (D. n° 96-207, art. 30).

150.- Mandat (art. 62.1). – Le mandat du délégué syndical prend fin lorsque la condition de représentativité cesse d'être remplie. Il cesse également lorsque le syndicat décide de mettre fin aux fonctions du délégué, lorsque le contrat de travail est rompu, et en cas de démission du mandat ou de perte des conditions requises pour la désignation. **Révocation.** – Le délégué syndical peut être révoqué en cours de mandat par l'organisation syndicale qui l'a désigné, avec l'approbation au scrutin secret de la majorité des travailleurs dudit syndicat (D. n° 96-207, art. 29). **Non-cumul.** – Le cumul du mandat de délégué syndical et de celui de délégué du personnel est interdit (D. n° 96-207, art. 28).

151.- Missions du délégué syndical (art. 62.2). – Le délégué syndical assure la représentation de son syndicat dans l'entreprise, tant à l'égard de l'employeur que des salariés. Il présente les revendications relatives à l'amélioration des conditions d'emploi, de travail, de rémunération et négocie les accords collectifs de travail. Ces revendications ne peuvent concerner l'application des conventions collectives, des prescriptions légales et réglementaires mais sont liées aux négociations devant aboutir au changement ou à la révision de ces prescriptions et conventions. **Réunion (art. 62.2).** – Le délégué syndical est convoqué aux réunions que l'employeur doit organiser avec les délégués du personnel. Il peut y prendre la parole.

152.- Protection du délégué syndical (art. 62.3). – Le délégué syndical bénéficie, pendant son mandat, de la même protection contre le licenciement que les délégués du personnel (v. *supra* n° 147). Les anciens délégués syndicaux sont également protégés pendant 6 mois après l'expiration de leur mandat.

Chapitre 3. – Comité d'entreprise

153.- Seuil d'effectif (art. 63.1). – Un comité d'entreprise est constitué dans toutes les entreprises employant habituellement au moins 300 salariés permanents.

154.- Composition (art. 63.2 et 63.3). – Le comité comprend une représentation de la direction de l'entreprise et une représentation du personnel. Cette représentation comporte un nombre égal de titulaires et de suppléants, lesquels assistent aux séances du comité avec voix consultative. Sur délibération du comité, des personnes extérieures peuvent prendre part à ses réunions et compléter cette représentation. Les représentants du personnel au comité d'entreprise sont élus pour deux ans, probablement selon les mêmes règles que celles concernant l'élection des délégués du personnel même si la loi ne le dit pas expressément. Leur mandat est renouvelable et obéit aux mêmes règles que celles régissant le mandat des délégués du personnel.

155.- Missions du comité d'entreprise (art. 63.4). – Le comité d'entreprise a pour mission d'assurer l'expression collective des salariés. A cet effet, il : *1)* gère les œuvres sociales de l'entreprise, notamment les mutuelles des travailleurs et les cantines ; *2)* s'assure régulièrement du respect par l'employeur de ses obligations en matière sociale, notamment l'immatriculation du personnel auprès de l'Institution de Prévoyance sociale et la déclaration individuelle des salaires ; *3)* formule toute proposition de nature à améliorer les conditions d'emploi et de production.

TITRE 8. – La négociation collective

Chapitre premier. – Instances de dialogue social

Section 1. – Commission consultative du travail

156.- Missions de la Commission consultative du travail (art. 71.1). – La Commission consultative du Travail a pour missions : *1)* d'étudier les problèmes concernant le travail, l'emploi des travailleurs, le placement, les mouvements des travailleurs, l'amélioration des conditions matérielles et morales des travailleurs, la prévoyance sociale ; *2)* d'émettre des avis et de formuler des propositions et des résolutions sur la réglementation à intervenir en ces matières ; *3)* d'étudier les éléments pouvant servir de base à la détermination du salaire minimum interprofessionnel garanti. La Commission est obligatoirement consultée sur la réglementation d'application du Code du travail. A la demande du ministre chargé du Travail, la Commission : *1)* examine toute difficulté née à l'occasion de la négociation des conventions collectives ; *2)* se prononce sur toutes les questions relatives à la conclusion et à l'application des conventions collectives et notamment sur les incidences économiques.

157.- Composition de la Commission consultative du travail (art. 71.2 et 71.3). – **1°) Membres.** - La Commission est composée en nombre égal de représentants des employeurs et de représentants des travailleurs. Il est désigné autant de membres titulaires que de membres suppléants. **2°) Présidence et secrétariat.** – La Commission est présidée par le ministre chargé du Travail. Elle est dotée d'un secrétariat permanent. **3°) Organisation et fonctionnement.** – Un décret doit préciser les règles régissant l'organisation et le fonctionnement de la Commission consultative du travail. Sa publication n'est pas encore intervenue.

Section 2. – Conseil national du Dialogue social

158.- Rôle (art. 71-4). – Le Conseil national du Dialogue social est un organe tripartite de concertation et de réflexion entre les partenaires sociaux et le Gouvernement sur des questions de toute nature en rapport avec le monde du travail. **Organisation et fonctionnement.** – Un décret doit préciser les règles régissant les missions, l'organisation et le fonctionnement du Conseil national du Dialogue social. Sa publication n'est pas encore intervenue.

Section 3. – Comité technique consultatif pour l'étude des questions intéressant la santé et la sécurité au travail

159.- Missions (D. n° 98-40, art. 1). – Le Comité technique consultatif a pour mission d'émettre des avis et de formuler des propositions et des résolutions sur toutes les questions concernant la santé et la sécurité des travailleurs. **Composition (D. n° 98-40, art. 2). – 1°) Composition générale.** – Le Comité technique consultatif est composé en nombre égal de membres fonctionnaires, de représentants des travailleurs et de représentants des employeurs. **2°) Fonctionnaires.** – Sont membres fonctionnaires, outre le Directeur de l'Inspection Médicale du travail, président du comité technique consultatif : *1)* les représentants des ministres chargés de la santé publique, des travaux publics de l'agriculture et de l'enseignement technique et de la formation professionnelle ; *2)* un administrateur du travail et des lois sociales. **3°)**

Représentants des employeurs et travailleurs. – Les représentants des employeurs et travailleurs, titulaires et suppléants, sont nommés pour 3 ans renouvelables par arrêté du ministre chargé du Travail sur proposition des organisations professionnelles les plus représentatives, sous réserve de la jouissance de leurs droits civils et politiques.

160.- Fonctionnement (D. n° 98-40, art. 3 et 4). – 1°) Réunion. – Le Comité se réunit au moins une fois par an sur convocation et sous la présidence du Directeur de l'Inspection Médicale du Travail ou son représentant. La convocation indique l'ordre du jour et s'accompagne d'un document préparatoire. Le Comité se réunit également à la demande de la majorité de ses membres. **2°) Auditions de tiers.** – A la demande du président du Comité ou de la majorité des membres, des personnalités compétentes en matière de santé et de sécurité au travail peuvent être convoquées à titre consultatif. Ces experts et techniciens expriment leur avis sur les questions inscrites à l'ordre du jour mais ne prennent pas part au vote. **3°) Accès aux documents.** – Le Comité peut demander aux entreprises et administrations compétentes l'accès à tout document ou information utile à sa mission. **4°) Sous-comité.** – Des sous-comités chargés de procéder à l'étude de questions particulières peuvent être créés. Ils peuvent être complétés par des personnes ayant une compétence particulière sur les questions mises à l'étude. Ces derniers participent aux travaux avec voix délibérative. **Avis et procès-verbal (D. n° 98-40, art. 5 et 6). – 1° Avis.** – Les avis du comité sont donnés soit en séance plénière lorsque la moitié de ses membres au moins est présente, soit par un sous-comité mandaté à cet effet. **2°) Procès-verbal.** – Chaque séance du comité ou d'un sous-comité donne lieu à l'établissement d'un procès-verbal rédigé par le secrétaire du comité. Le procès-verbal est communiqué à tous les membres du comité dans un délai maximum d'un mois et peuvent y être annexées les diverses déclarations en séance et notes utilisées. Ce procès-verbal est conservé aux archives de l'Inspection Médicale du Travail.

Chapitre 2. – Conventions collectives de travail

Section 1. – Conclusion, révision et dénonciation

161.- Définition et contenu (art. 72.1 et 72.2). – 1°) Définition. – La convention collective de travail est un accord relatif aux conditions d'emploi et de travail conclu entre, d'une part, les représentants d'un ou de plusieurs syndicats ou groupements professionnels de travailleurs et, d'autre part, une ou plusieurs organisations syndicales d'employeurs ou tout autre groupement d'employeurs ou un ou plusieurs employeurs pris individuellement. **2°) Principe de faveur.** – La convention peut contenir des clauses plus favorables aux travailleurs que les lois et règlements en vigueur. Elle ne peut déroger aux dispositions d'ordre public définies par ces lois et règlements. **Champ d'application (art. 72.3).** – La convention détermine son champ d'application. Au plan professionnel, ce champ est défini en termes de branche d'activité. Au plan géographique, il peut être national, régional ou local. Des conventions conclues à un niveau inférieur peuvent adapter les dispositions d'une convention concernant une ou plusieurs branches d'activité aux conditions particulières de travail existant à ce niveau, à la faveur des travailleurs.

162.- Capacité à contracter (art. 72.4). – Les représentants des organisations syndicales ou de tout autre groupement professionnel peuvent contracter, au nom de l'organisation qu'ils représentent, en vertu : *1)* soit des stipulations statutaires de cette organisation ; *2)* soit d'une délibération spéciale de cette organisation ; *3)* soit de mandats spéciaux et écrits qui leur sont donnés individuellement par tous les adhérents à cette organisation. A défaut, pour être valable, la convention collective doit être ratifiée par une délibération spéciale de ce groupement. Les groupements intéressés déterminent eux-mêmes les modalités de cette délibération. **Conclusion. – 1°) Procédure. –** La convention collective est conclue entre les organisations syndicales d'employeurs et de travailleurs représentatives (art. 73.1). A la demande de l'une de ces organisations, ou de sa propre initiative, le ministre chargé du Travail convoque la réunion d'une commission mixte en vue de la conclusion d'une convention collective de travail ayant pour objet de régler les rapports entre employeurs et travailleurs d'une ou plusieurs branches d'activités sur le plan national, régional ou local. La composition de cette commission est déterminée par un arrêté du ministre chargé du Travail. Elle est toujours composée, en nombre égal, de représentants des organisations de travailleurs et de représentants des organisations d'employeurs (D. n° 98-41, art. 11). **2°) Mesure de la représentativité.** – La représentativité est appréciée comme indiqué ci-dessus (*v. supra* n° 135).

163.- Durée de la convention (art. 72.5). – 1°) Durée déterminée. – La convention peut être conclue pour une durée déterminée. Quand tel est le cas, cette durée ne peut être supérieure à 5 ans. A défaut de stipulation contraire, la convention à durée déterminée qui arrive à expiration continue de produire effet comme une convention à durée indéterminée. **2°) Durée indéterminée. –** La convention peut être conclue pour une durée indéterminée.

164.- Formalisme, dépôt, publicité et entrée en vigueur (art. 72.8). – 1°) Formalisme. – La convention collective est établie par écrit, sur papier libre et en langue française. Elle est signée par chacune des parties contractantes (D. n° 98-41, art. 1). **2°) Dépôt. –** Le dépôt s'effectue au greffe du tribunal du Travail ou au greffe de la section détachée du tribunal de Première Instance par la partie la plus diligente, à frais commun et en triple exemplaire. Deux exemplaires sont transmis par le greffier à l'Inspecteur du Travail et des Lois Sociales sous deux jours, à charge pour ce dernier de transmettre ensuite un exemplaire au ministre chargé du Travail. Le greffier dresse un procès-verbal et en délivre immédiatement récépissé (D. n° 98-41, art. 2). **3°) Publicité. –** L'employeur ou son préposé communique la convention à toute personne intéressée (D. n° 98-41, art. 6). **4°) Entrée en vigueur. –** La convention est applicable, sauf stipulation contraire, à partir du jour de son dépôt au greffe (D. n° 98-41, art. 1). La date du dépôt sur le récépissé délivré par le greffe fait foi (D. n° 98-41, art. 2).

165.- Révision et dénonciation (art. 72.6). – 1°) Prévisions contractuelles. – La convention doit prévoir les conditions dans lesquelles elle peut être dénoncée, renouvelée ou révisée. Elle prévoit notamment la durée du préavis qui doit précéder la dénonciation. La loi ne contient pas de dispositions spécifiques concernant les conditions d'adoption et les effets des avenants de révision. **2°) Notification de la dénonciation. –** La dénonciation de la convention fait l'objet d'un acte écrit adressé par son ou ses auteurs au greffe de la juridiction où le dépôt de la convention a été effectué. Lorsque la dénonciation est faite par lettre recommandée, le reçu de la poste tient lieu de récépissé (D. n° 98-41, art. 5). **3°) Notification de la révision. –** Les modifications apportées à la convention doivent être établies, déposées, notifiées et publiées dans les mêmes conditions que la convention (D. n° 98-41, art. 9).

Section 2. – Exécution des conventions

166.- Personnes assujetties à la convention (art. 72.9). – Sont soumises aux obligations de la convention collective toutes les personnes qui l'ont signée personnellement ou qui sont membres des organisations signataires. La convention lie également les organisations qui y adhèrent ainsi que tous ceux qui, à un moment quelconque, deviennent membres de ces organisations. Lorsque l'employeur est lié par les clauses d'une convention collective, ces clauses s'appliquent aux contrats de travail conclus avec lui. Dans tout établissement compris dans le champ d'application d'une convention, les clauses de cette convention s'imposent aux rapports nés des contrats de travail, sous réserve des dispositions plus favorables pour les travailleurs. **Adhésion (art. 72.6). – 1°) Principe. –** Tout syndicat professionnel ou tout employeur qui n'est pas partie à une convention collective peut y adhérer ultérieurement. **2°) Procédure. –** Les parties qui adhérent à une convention collective doivent notifier par écrit leur adhésion au greffe de la juridiction où le dépôt de la convention a été effectué. Elles donnent avis de cette adhésion aux parties contractantes par lettre recommandée (D. n° 98-41, art. 3).

167.- Exécution de bonne foi (art. 72.10 à 72.13). – **1°) Principe.** – Les groupements de travailleurs ou d'employeurs liés par une convention collective ou un accord collectif d'établissement sont tenus de ne rien faire qui soit de nature à en compromettre la loyale exécution. **2°) Action en justice.** – Les groupements liés par la convention et capables d'ester en justice peuvent, en leur nom propre, intenter une action en dommages et intérêts à l'encontre des autres groupements signataires, de leurs propres membres ou de toutes personnes liées par la convention et qui en violeraient les engagements.

168.- Action en substitution (art. 72.13). – Les groupements liés à la convention et capables d'ester en justice peuvent exercer toutes les actions qui naissent de cette convention en faveur de leurs membres sans avoir à justifier d'un mandat de l'intéressé, sous réserve que celui-ci ait été averti et ne s'y soit pas opposé. L'intéressé peut toujours intervenir à l'instance engagée par le groupement.

Section 3. – Conventions collectives susceptibles d'être étendues

169.- Extension des conventions collectives (art. 73.1). – **1°) Principe.** – Les conventions collectives ayant pour objet de régler les rapports entre employeurs et travailleurs d'une ou plusieurs branches d'activités sur le plan national, régional ou local sont susceptibles d'être étendues ou élargies à tous les employeurs et travailleurs de la ou des branches d'activité visées. **2°) Condition.** – L'extension n'est possible que si la situation économique et sociale des entreprises susceptibles d'être concernées par cette mesure est analogue à celle des entreprises déjà liées par la convention collective. Si cette condition n'est remplie que par une partie seulement des entreprises intéressées, l'extension est limitée à elles seules. **3°) Examen de la demande d'extension.** – A la demande de l'une des organisations syndicales les plus représentatives ou à l'initiative du ministre chargé du Travail, les dispositions des conventions collectives peuvent être rendues obligatoires, pour la durée de la convention, pour tous les employeurs et travailleurs compris dans son champ d'application professionnel et géographique après avis de la Commission Consultative du Travail. Le ministre chargé du Travail doit exclure de l'extension, après avis de la Commission Consultative du Travail ou de sa propre initiative, les dispositions en contradiction avec les textes législatifs ou réglementaires en vigueur. Il peut écarter, en outre, et sans modifier l'économie générale de la convention, les clauses qui ne répondent pas à la situation de la branche d'activité concernée dans le champ territorial considéré (D. n° 98-41, art. 14). **4°) Durée de l'extension.** – L'arrêté d'extension cesse de produire effet lorsque la convention collective cesse d'être en vigueur en raison de sa dénonciation ou de sa révision. Par ailleurs, le ministre en charge du travail peut mettre fin à l'extension lorsqu'il apparaît que la convention ou certaines de ses dispositions ne répondent plus à la situation de la branche d'activité considérée (D. n° 98-41, art. 15). **5°) Consultation.** – L'arrêté d'extension ou le retrait d'extension est précédé d'une consultation des organisations professionnelles et de toute personne intéressée selon la procédure suivante : *1)* communication aux syndicats et autres groupements intéressés ; *2)* affichage à l'emplacement spécialement réservé à cet effet dans les locaux de l'Inspection du Travail et des Lois Sociales ; *3)* publication au journal officiel. Les récipiendaires de cette communication peuvent émettre toutes les remarques ou suggestions qu'ils souhaitent au ministre chargé du Travail (D. n° 98-41, art. 16). **6°) Avis d'extension.** –Tout projet d'extension fait l'objet d'un avis d'extension publié auquel est annexé le texte *in extenso* de la convention collective (D. n° 98-41, art. 17).

170.- Clauses obligatoires (art. 73.2). – Les conventions collectives susceptibles d'être étendues contiennent obligatoirement des clauses relatives : *1)* au libre exercice du droit syndical et à la liberté d'opinion des travailleurs ; *2)* aux salaires applicables par catégorie professionnelle ; *3)* aux modalités d'exécution et aux taux des heures supplémentaires, du travail de nuit et des jours non ouvrables ; *4)* à la durée de la période d'essai et du préavis ; *5)* aux délégués du personnel ; *6)* à la procédure de révision, de modification et de dénonciation de tout ou partie de la convention collective ; *7)* aux modalités d'application du principe « à travail de valeur égale, salaire égal » pour les femmes et les jeunes ; *8)* et aux congés payés. **Clauses optionnelles (art. 73.3).** – Les conventions collectives peuvent également contenir, sans que cette énumération soit limitative, des clauses relatives : *1)* aux primes d'ancienneté et d'assiduité ; *2)* à l'indemnité pour frais professionnels et assimilés ; *3)* à l'indemnité de déplacement ; *4)* aux primes de panier pour tous les travailleurs devant prendre leur repas sur le lieu de travail ; *5)* aux majorations pour travaux pénibles, dangereux ou insalubres ; *6)* aux conditions d'embauche et de licenciement des travailleurs sans que les dispositions prévues puissent porter atteinte au libre choix du syndicat par le travailleur ; *7)* à l'organisation et au fonctionnement de l'apprentissage et de la formation professionnelle ; *8)* aux conditions particulières de travail des femmes et des jeunes ; *9)* aux modalités de constitution du cautionnement ; *10)* à l'emploi du temps réduit de certaines catégories de personnes et à leurs conditions de rémunération ; *11)* à l'organisation, à la gestion et au financement des services sociaux et médico-sociaux ; *12)* aux conditions particulières de travail telles que le travail par roulement et le travail du dimanche et les jours fériés ; *13)* aux procédures conventionnelles d'arbitrage suivant lesquelles sont ou peuvent être réglés les conflits collectifs de travail susceptibles de survenir entre les employeurs et les travailleurs liés par la convention. **Défaut de certaines clauses (art. 73.4).** – Il peut être procédé, après avis favorable de la Commission consultative du travail, à l'extension d'accords collectifs qui ne portent que sur un ou plusieurs points déterminés.

Section 4. – Accords collectifs d'entreprise et d'établissement

171.- Définition (art. 73.5). – Des accords concernant un ou plusieurs établissements et couvrant potentiellement toute l'entreprise peuvent être conclus entre, d'une part, un employeur ou un groupement d'employeurs et, d'autre part, des représentants des syndicats représentatifs du personnel de l'établissement ou des établissements intéressés. **Objet de l'accord d'établissement (art. 73.6).** – L'accord a ici pour objet d'adapter aux conditions particulières de l'établissement ou des établissements considérés les clauses des conventions collectives nationales, régionales ou locales. Ils peuvent également prévoir des stipulations nouvelles, ainsi que des clauses plus favorables aux travailleurs.

Section 5. – Conventions collectives dans les services, entreprises et établissements publics

172.- Absence de statut (art. 73.7). – Lorsque le personnel des services, des entreprises et des établissements publics n'est pas soumis à un statut législatif ou réglementaire particulier, des conventions collectives peuvent être conclues. **Convention étendue (art. 73.8). –** Lorsqu'une convention collective est étendue, elle est, en l'absence de dispositions contraires, applicable aux services, entreprises et établissements publics qui, en raison de leur nature et de leur activité, se trouvent placés dans son champ d'application.

TITRE 9. – Les différends relatifs au travail

Chapitre premier. – Différends individuels

Section 1. – Règlement amiable

173.- Litige (art. 81.1 et 81.2). – Un différend individuel du travail est un litige qui oppose, au cours de l'exécution ou à l'occasion de la rupture du contrat de travail, un travailleur à son employeur ou un apprenti à son maître. **Saisine préalable de l'Inspecteur du travail (art. 81.2).** – **1°) Principe.** – Tout différend individuel du travail est soumis, avant toute saisine du Tribunal du Travail, à l'Inspecteur du Travail et des Lois Sociales pour tentative de règlement amiable. **2°) Procédure : convocation.** – Les parties sont tenues de se présenter au jour et à l'heure fixés par la convocation de l'Inspecteur du Travail et des Lois Sociales, acheminée par cahier de transmission, par voie postale avec accusé de réception, ou par tout autre moyen offrant des garanties de preuve équivalentes. **3°) Procédure : assistance.** – Les parties peuvent se faire assister ou représenter soit par un travailleur ou un employeur appartenant à la même branche d'activité, soit par un avocat régulièrement inscrit au Barreau, soit, encore, par un représentant des organisations syndicales auxquelles elles sont affiliées. Les employeurs peuvent, en outre, être représentés par un directeur ou un employé de l'entreprise ou de l'établissement. **4°) Absence de l'une des parties.** – Si le demandeur ne se présente pas ou n'est pas représenté, il ne peut renouveler sa tentative de règlement amiable. Si le défenseur ne se présente pas ou n'est pas représenté, l'affaire est transmise au tribunal du Travail qui prononce, à la vue du procès-verbal de non-comparution dressé par l'Inspecteur du Travail et des Lois Sociales, une amende civile dont le montant ne peut être inférieur à 1.000.000 de francs CFA. **Tentative de conciliation (art. 81.4).** L'Inspecteur du Travail et des Lois Sociales cherche à concilier les parties sur la base des normes fixées par la loi, les règlements, les conventions collectives, les accords collectifs d'établissement et le contrat individuel de travail. Le règlement à l'amiable est définitif. **Procès-verbal (art. 81.5). – 1°) Principe.** – Un procès-verbal afférent à la tentative de règlement amiable énonce les différents chefs de demande, y compris les dommages et intérêts s'il y a lieu. **2°) Règlement total.** – En cas de règlement total, le procès-verbal mentionne, d'une part, les points sur lesquels l'accord des parties est intervenu et, s'il y a lieu, les sommes convenues pour chaque chef de demande et, d'autre part, les chefs de demande abandonnés. **3°) Règlement partiel.** – En cas de règlement partiel, le procès-verbal contient également les chefs de demande sur lesquels il n'a pas pu y avoir d'accord des parties. Aucune mention telle que « pour solde de tout compte » ou « toutes causes confondues » ne peut être employée à peine de nullité du procès-verbal. Toute clause ayant pour effet de mettre définitivement fin au litige ne peut être mentionnée au procès-verbal qu'avec la volonté expressément manifestée des parties. **4°) Echec de la tentative de règlement amiable.** – En l'absence de tout règlement amiable, l'Inspecteur du Travail et des Lois Sociales consigne sur le procès-verbal les motifs de l'échec.

174.- Exécution (art. 81.6). – En l'absence d'un versement immédiat, ou dans le délai imparti, des sommes convenues par règlement amiable, le procès-verbal est présenté, en deux exemplaires, par la partie la plus diligente au président du Tribunal du Travail dans le ressort duquel il a été établi. Celui-ci y appose la formule exécutoire et fait déposer un exemplaire au rang des minutes du Tribunal du Travail. L'exécution est poursuivie comme celle d'un jugement du tribunal. **Saisine du juge (art. 81.7).** – En cas d'échec de la tentative de règlement amiable, une action peut être introduite devant le tribunal du Travail dans les conditions prévues à l'article 81.18 du Code du travail.

Section 2. – Règlement contentieux

175.- Compétence du Tribunal du Travail (art. 81.8 et 81.10). – 1°) Compétence matérielle. – Les tribunaux du travail connaissent des différends individuels pouvant s'élever entre les travailleurs, apprentis, employeurs et maîtres à l'occasion du contrat de travail ou d'apprentissage, y compris des différends relatifs aux accidents du travail et aux maladies professionnelles. Ces tribunaux ont également qualité pour connaître des différends individuels relatifs à la validité et l'exécution des conventions collectives. **2°) Compétence territoriale.** – Le tribunal compétent est celui du lieu de travail. Toutefois, pour les litiges nés de la résiliation du contrat de travail et nonobstant toute attribution conventionnelle de juridiction, le travailleur a le choix entre le tribunal de son lieu de résidence et celui de son lieu de travail. **Gratuité de la procédure devant le tribunal du Travail et la juridiction d'appel (art. 81.17).** – La procédure est gratuite. En outre, pour l'exécution des jugements rendus à leur profit, les travailleurs bénéficient de plein droit de l'assistance judiciaire.

176.- Organisation du Tribunal du Travail (art. 81.9, 81.11, 81.12 et 81.13). – 1°) Chambre spéciale du tribunal de Première instance. – Les Tribunaux du Travail sont constitués en chambre spéciale des tribunaux de Première instance. Leur compétence s'étend aux ressorts de ces derniers. **2°) Subdivision de la chambre spéciale.** – La chambre spéciale peut être divisée en sections professionnelles lorsque la structure du marché du travail le justifie. **3°) Composition de la chambre spéciale.** – La chambre spéciale est composée : *1)* du président du tribunal de Première instance ou d'un magistrat de la juridiction désigné par lui président. Il est assisté d'un greffier. Il est juge des référés en matière de conflits individuels du travail ; *2)* d'un assesseur employeur et d'un assesseur travailleur pris parmi ceux figurant sur les listes établies conformément à l'article 81.13 du Code du travail. Pour chaque affaire, le président désigne autant que possible les assesseurs employeurs et travailleurs appartenant à la catégorie professionnelle intéressée. En cas d'empêchement, les assesseurs titulaires sont remplacés par des suppléants dont le nombre est égal à celui des titulaires. En cas de carence répétée et constatée des assesseurs, un collège de trois magistrats siège. **Nomination et mandat des assesseurs (art. 81.13 et 81.14). – 1°) Qualités exigées.** – Les assesseurs et leurs suppléants doivent justifier de la jouissance de leurs droits civils et politiques. Ils doivent, en outre, n'avoir subi aucune condamnation à une peine d'emprisonnement ferme notamment pour escroquerie, faux et usage de faux et abus de confiance. Sont déchus de leurs mandats les assesseurs qui sont frappés par l'une de ces condamnations ou qui perdent leurs droits civils et politiques. **2°) Nomination.** – Les assesseurs et leurs suppléants sont choisis sur les listes présentées par les organisations syndicales représentatives ou, en cas de carence, par l'Inspecteur du Travail et des Lois Sociales. **3°) Durée du mandat.** – Leur mandat dure deux ans. Il est renouvelable. **4°) Serment.** – Les assesseurs et leurs suppléants prêtent, devant le tribunal où ils sont appelés à siéger, le serment suivant : *« Je jure de remplir mes devoirs avec zèle et intégrité et de garder le secret des délibérations ».* **5°) Rémunération.** – Les fonctions d'assesseurs titulaires ou suppléants sont gratuites.

Toutefois, il peut leur être alloué des indemnités de séjour et de déplacement dont le montant ne peut être inférieur au montant des salaires et indemnités perdus. Ce montant est fixé par arrêté interministériel. **6°) Protection.** – Le licenciement des assesseurs est soumis à la même procédure que le licenciement des délégués du personnel (v. *supra* n° 147). **Manquements de l'assesseur (art. 81.14). – 1°) Obligation de s'expliquer.** – Tout assesseur ou suppléant qui manque gravement à ses devoirs dans l'exercice de ses fonctions est appelé devant le tribunal du Travail pour s'expliquer sur les faits qui lui sont reprochés. L'initiative de cette convocation appartient au président du tribunal. **2°) Procès-verbal.** – Le procès-verbal de la séance de comparution est transmis au procureur de la République qui le transmet ensuite, avec son avis, au garde des Sceaux, ministre de la Justice, dans des conditions définies par décret. **3°) Sanction.** – Par arrêté motivé du garde des Sceaux, l'assesseur peut se voir infliger : *1)* un blâme ; *2)* une suspension pour une durée maximale de 6 mois ; *3)* ou une exclusion. **Récusation des assesseurs (art. 81.22).** – Les assesseurs du tribunal du Travail peuvent être récusés : *1)* quand ils ont un intérêt personnel à la contestation ; *2)* quand ils sont parents ou alliés de l'une des parties ; *3)* si, dans l'année qui a précédé la récusation, il y a eu un procès pénal ou civil entre eux et l'une des parties ou son conjoint ou allié en ligne direct ; *4)* s'ils ont donné un avis écrit sur la contestation ; *5)* s'ils sont employeurs ou travailleurs de l'une des parties en cause. La récusation est formée avant tout débat. Le président statue immédiatement. Si la demande est rejetée, il est passé outre au débat. Si elle est admise, l'affaire est renvoyée à la prochaine audience où doivent siéger le ou les assesseurs suppléants.

177.- Introduction de l'action (art. 81.18). – **1°) Dépôt de la demande.** – L'action est introduite par déclaration écrite ou orale faite au greffe du tribunal, accompagnée du procès-verbal de non-conciliation de l'Inspecteur du Travail et des Lois Sociales. Inscription est faite sur un registre tenu spécialement à cet effet. Un extrait de cette inscription est délivré à la partie ayant introduit l'action. **2°) Citation des parties.** – Dans les deux jours à compter de la réception de la demande, dimanche et jours fériés non compris, le président cite les parties à comparaître dans un délai qui ne peut excéder douze jours, majoré s'il y a lieu des délais de distance (fixés dans les conditions de l'article 81.34). La citation doit contenir le nom et la profession du demandeur, l'indication de l'objet de la demande, l'heure et le jour de la comparution. La citation est faite à personne ou à domicile par voie d'agent administratif spécialement commis à cet effet. Elle peut valablement être faite par lettre recommandée avec accusé de réception. En cas d'urgence, elle peut être faite par voie télégraphique. **Assistance et représentation (art. 81.19).** – Les parties sont tenues de se rendre au jour et à l'heure fixés devant le tribunal du travail. Elles peuvent se faire assister ou représenter soit par un travailleur ou un employeur appartenant à la même branche d'activité, soit par un avocat régulièrement inscrit au Barreau, soit encore par un représentant des organisations syndicales auxquelles elles sont affiliées. Les employeurs peuvent, en outre, être représentés par un directeur ou un employé de l'entreprise ou de l'établissement. **Absence de l'une des parties (art. 81.20). – 1°) Absence du demandeur.** – Si au jour fixé par la convocation le demandeur ne comparaît pas et ne justifie pas d'un cas de force majeure, la cause est rayée du rôle. Elle ne peut être reprise qu'une seule fois et selon les formes imparties pour la demande primitive, à peine d'irrecevabilité. **2°) Absence du défendeur.** – Si le défendeur ne comparaît pas ou n'a pas demandé le renvoi de l'affaire en justifiant d'un cas de force majeure, défaut est donné contre lui et le tribunal statue sur le mérite de la demande. Dans le cas où le défendeur a déposé un mémoire, le jugement est réputé contradictoire et les délais d'appel courent du jour de sa signification.

178.- Tentative de conciliation (art. 81.23 à 81.25). – 1°) Conciliation totale. – Lorsque les parties comparaissent devant le tribunal du travail, il est procédé à une tentative de conciliation. En cas d'accord, un procès-verbal rédigé séance tenante sur un registre *ad hoc* consacre le règlement amiable du litige. L'extrait du procès-verbal signé par le greffier vaut titre exécutoire. **2°) Conciliation partielle.** – En cas de conciliation partielle, un extrait du procès-verbal signé par le greffier vaut titre exécutoire pour les demandes sur lesquelles l'accord est intervenu et procès-verbal de non-conciliation pour le surplus des demandes. **3°) Echec.** – En cas de non-conciliation ou pour la partie encore contestée de la demande, le tribunal retient l'affaire et procède immédiatement à son examen. Le renvoi ne peut être prononcé que pour un juste motif, par décision du tribunal. Dans ce cas l'affaire est renvoyée à la prochaine audience utile. **4°) Mesures d'instruction.** – Le tribunal peut toujours, par jugement motivé, prescrire toute enquête et descente sur les lieux et toutes mesure d'information qu'il estime opportune.

179.- Déroulement de l'audience (art. 81.21, 81.26). – 1°) Audience publique. – L'audience est publique, sauf au stade de la conciliation. **2°) Rôle du président.** – Le président dirige les débats et confronte les parties, fait comparaître les témoins cités à la diligence des parties ou par lui-même. **3°) Témoin non comparant.** – Le témoin non comparant dont la déposition est déclarée nécessaire par le président est cité à nouveau par agent administratif désigné à cet effet. La citation doit porter, à peine de nullité, mention qu'avis a été donné au témoin qu'en cas de non-comparution il sera décerné contre lui mandat d'amener et qu'il encourt, en outre, une amende civile de 10 000 francs CFA. Si, au jour dit, le témoin ne comparaît pas, le tribunal le condamne à l'amende et délivre contre lui un mandat d'amener. Le témoin défaillant peut être déchargé de l'amende s'il justifie qu'il n'a pas pu se présenter au jour fixé. **4°) Autres auditions.** – Le président procède à l'audition de toute autre personne dont il juge la déposition utile au règlement du différend. **5°) Expertise.** – Le président peut procéder ou faire procéder à tout constat ou expertise. **6°) Clôture des débats.** – Les débats clos, le jugement est rendu séance tenante, sauf mise en délibéré dont le délai maximum ne peut excéder 15 jours. **Exécution et copie du jugement (art. 81.27). – 1°) Exécution.** – Le jugement peut ordonner l'exécution immédiate et par provision avec ou sans caution, nonobstant opposition ou appel. L'exécution provisoire sans caution est de droit pour toute somme que la partie a reconnu devoir. **2°) Copie.** – Une copie du jugement signée par le greffier est remise aux parties sur leur demande. Le greffier mentionne la délivrance, sa date et son heure en marge du jugement. **Jugement par défaut (art. 81.28). – 1°) Notification.** – En cas de jugement par défaut, notification du jugement est faite à la partie défaillante par le greffier. **2°) Opposition.** – Le jugement par défaut est susceptible d'opposition dans les dix jours et d'appel dans les quinze jours à compter de la notification à personne ou à domicile. Passé ce dernier délai, le jugement est exécutoire. Sur opposition, le président convoque à nouveau les parties. Le nouveau jugement, nonobstant tout défaut, est exécutoire.

180.- Appel (art. 81.29). – 1°) Montant de la demande. – Le Tribunal du Travail statue en premier et dernier ressort lorsque le chiffre de la demande n'excède pas 10 fois le salaire minimum interprofessionnel garanti (SMIG) mensuel. Au-delà, il statue à charge d'appel. L'appel sera alors porté devant la Cour d'appel. **2°) Nature des demandes.** – Le Tribunal du travail connaît des demandes reconventionnelles ou en compensation qui, par leur nature, rentrent dans sa compétence. Lorsque chacune de ces demandes entre dans les limites de sa compétence en dernier ressort, il se prononce sans qu'il y ait lieu à appel. Si l'une de ces demandes n'est susceptible d'être jugée qu'à charge d'appel, le tribunal se prononce sur toutes à charge d'appel. Néanmoins, il statue en dernier ressort si seule la demande reconventionnelle en dommages-intérêts, fondée exclusivement sur la demande principale, dépasse sa compétence en dernier ressort. Il statue également sans appel, en cas de défaut du défendeur, si seules les demandes reconventionnelles formées par celui-ci dépassent le taux de sa compétence en dernier ressort, quels que soient la nature et le montant de cette demande. **Procédure d'appel (art. 81.31). – 1°) Délai d'appel.** – Dans les 15 jours de la notification du jugement, appel peut être interjeté. L'appel est transmis dans la quinzaine de la déclaration d'appel au greffier en chef de la Cour d'appel, annexé du jugement et des lettres, mémoires et documents déposés par les parties en première instance et en appel. Le greffier en chef de la Cour d'appel en informe les parties par voie d'agent administratif spécialement commis à cet effet ou par tout moyen laissant trace écrite. **2°) Jugement sur pièces.** – L'appel est jugé sur pièces dans le mois suivant la réception du dossier. Toutefois, les parties peuvent demander à être entendues. En ce cas, la représentation des parties obéit aux mêmes règles que la représentation en première instance.

181.- Pourvoi en cassation (art. 81.32 et 81.33). – La Cour suprême connaît des recours en cassation contre les jugements et arrêts rendus en dernier ressort. Le pourvoi est introduit et jugé dans les formes et conditions prévues par la loi organique régissant ladite Cour. Une expédition de la décision devenue définitive est transmise par greffier en chef à l'Inspecteur du Travail et des Lois Sociales compétent.

182.- Référé (art. 81.35). – 1°) Mesures d'urgence. – Dans tous les cas d'urgence, le juge des référés peut, dans la limite de la compétence des tribunaux du Travail, ordonner toutes mesures qui ne se heurtent à aucune contestation sérieuse ou que justifie l'existence d'un différend. La juridiction de référé peut toujours, même en présence d'une contestation sérieuse, prescrire les mesures conservatoires ou de remise en état qui s'imposent, soit pour prévenir un dommage imminent, soit pour faire cesser un trouble manifestement illicite. **2°) Provision.** – Dans tous les cas où l'existence de la créance de salaire n'est pas sérieusement contestable, le juge des référés peut accorder une provision au créancier. **Procédure de référé (art. 81.36 et 81.37). – 1°) Introduction de la demande.** – Dans les deux jours de la réception de la demande de référé, dimanches et jours fériés compris, le président cite les parties à comparaître dans un délai qui ne peut excéder trois jours. **2°) Conciliation.** – Si le juge des référés estime que la demande excède ses pouvoirs, il renvoie l'affaire en tentative de conciliation devant le tribunal du Travail. Dans ce cas, l'ordonnance de référé rendue séance tenante mentionne la date de l'audience publique et vaut citation. **3°) Application du code de procédure civile ivoirien.** – Les dispositions du code de procédure civile ivoirien sont applicables en matière de référé sous réserve des dispositions particulières présentées ici. **Ordonnance de référé (art. 81.36). – 1°) Principe.** – L'ordonnance de référé est exécutoire par provision. L'exécution a lieu sans garantie, sauf si le juge en décide autrement. Dans ce cas, la garantie est constituée conformément au droit commun. **2°) Dérogation.** – En cas d'extrême urgence, le juge des référés peut ordonner l'exécution sur minute. **3°) Opposition et appel.** – L'ordonnance de référé n'est pas susceptible d'opposition mais d'appel dans le délai de 10 jours à compter de sa notification, par requête déposée au greffe de la Cour d'appel et adressée au premier président de ladite Cour. **4°) Cassation.** – Les recours contre les ordonnances prises par le premier président de la Cour d'appel sont portés devant le président de la Cour suprême par requête déposée au secrétariat général de ladite Cour, dans un délai de 10 jours à compter de la notification de la décision contestée.

Chapitre 2. – Différends collectifs

Section 1. – Dispositions générales

183.- Définition (art. 82.1). – Le différend collectif s'entend d'un différend qui naît en cours d'exécution d'un contrat de travail et qui oppose un ou plusieurs employeurs à un groupe de travailleurs, organisé ou non, pour la défense d'un intérêt collectif.

184.- Droit de grève (art. 82.2). – 1°) Définition. – La grève est un arrêt concerté et collectif du travail décidé par les salariés pour faire aboutir des revendications professionnelles. **2°) Principes.** – Les salariés ont le droit de se mettre en grève. Sous réserve du respect des dispositions interdisant la grève exposées ci-après, celle-ci ne rompt pas le contrat de travail sauf faute lourde du travailleur. **3°) Service minimum.** – Un service minimum doit être assuré : *1)* dans les services dont l'interruption risquerait de mettre en danger la vie, la sécurité ou la santé de la personne, dans une partie ou l'ensemble de la population ; *2)* dans les services qui ne sont pas essentiels au sens strict du terme mais dans lesquelles une grève d'une certaine ampleur et durée pourrait provoquer une crise nationale aiguë menaçant les conditions normales d'existence de la population ; *3)* dans les services où l'entretien des machines doit être assuré pour éviter leur détérioration consécutive à un arrêt total. Les secteurs concernés et les effectifs requis devaient être fixés par décret sur proposition de la commission indépendante permanente de concertation. **4°) Sanctions pénales.** – v. *infra* n° 214. **Interdictions (art. 82.18). 1°) Situations visées.** – Est interdite toute grève : *1)* avant épuisement de la procédure de conciliation et du délai de 6 jours ouvrables suivant la notification aux parties du procès-verbal de non-conciliation ; *2)* avant épuisement de la procédure d'arbitrage (la formulation de la loi prête à confusion : s'il y a décision arbitrale, peut-il ensuite y avoir grève ? N'est-il pas possible de faire grève avant une décision arbitrale ? Il y a ici une confusion insoluble) ; *3)* ou en violation des dispositions d'un accord de conciliation, d'une sentence arbitrale ou d'une recommandation ayant acquis force exécutoire. **2°) Sanctions.** – Les grèves engagées ou continuées en violation des présentes dispositions peuvent entraîner pour les travailleurs la perte du droit à l'indemnité de préavis et aux dommages et intérêts pour rupture du contrat. **Violences et entraves (art. 82.4).** – Les piquets de grève qui s'accompagnent de violences ou d'entraves à la liberté du travail sont interdits.

185.- Lock-out (art. 82.3). – 1°) Définition. – Le lock-out est la fermeture de tout ou partie d'une entreprise ou d'un établissement décidée par l'employeur à l'occasion d'une grève des travailleurs. **2°) Interdiction.** – Le lock-out est prohibé. **3°) Dérogations.** – Le lock-out est exceptionnellement licite lorsqu'il est justifié par un impératif de sécurité ou lorsque la procédure de déclenchement de la grève (*v. infra* n 186 et s.) n'est pas respectée. Le lock-out entraîne alors la suspension des contrats de travail et dispense l'employeur du versement des salaires. Le lock-out prend fin dès que les causes qui le justifiaient disparaissent.

Section 2. – Préavis de grève et conciliation

186.- Préavis (art. 82.5 et 82.6). – 1°) Principe. – Toute grève doit être précédée d'un préavis permettant la négociation entre les parties. La durée du préavis est de 6 jours ouvrables. **2°) Communication du préavis.** – Le préavis est déposé par les représentants des travailleurs auprès de la direction de l'entreprise, de l'établissement et, le cas échéant, auprès des unions patronales de la branche. A peine de nullité, le préavis est également notifié par écrit à l'autorité compétente de l'administration du travail ou, à défaut, à l'autorité préfectorale. Cette notification comporte les revendications formulées par les organisations syndicales, les délégués du personnel ou les travailleurs. **3°) Négociation.** – Dès que le préavis est notifié à l'administration, celle-ci doit prendre l'initiative d'une tentative de conciliation entre les parties.

187.- Procédure de conciliation. – 1°) Conciliateur. – La procédure de conciliation est menée par l'Inspecteur du Travail et des Lois Sociales (D. n° 96-208, art. 3). **2°) Convocation et réunion.** – Les parties sont tenues de se rendre à toutes les convocations et réunions de concertation et de conciliation organisées par l'Inspecteur du Travail et des Lois Sociales. A défaut de diligence de l'une des parties après relance, un procès-verbal de carence répertoriant les éléments du différend est dressé. Il vaut procès-verbal de non-conciliation (D. n° 96-208, art. 5, 6 et 7). **3°) Durée de la conciliation.** – La durée maximum de la tentative de conciliation ne peut excéder 5 jours ouvrables à compter de la date de notification du différend collectif (D. n° 96-208, art. 4). **4°) Seconde conciliation.** – Lorsque les circonstances le justifient ou lorsque les intérêts mis en jeu dépassent le cadre de l'entreprise dans laquelle le différend collectif est né, le Ministre peut décider d'une nouvelle conciliation sans que la durée cumulée des deux conciliations ne puisse excéder dix jours (D. n° 96-208, art. 8 et 9). **5°) Echec de la conciliation.** – En cas d'échec de la conciliation, les parties peuvent (et non « doivent » ce qui ne serait donc qu'une possibilité et non une obligation) recourir : *1)* soit à la procédure d'arbitrage; *2)* soit à la procédure de médiation.

Section 3. – Arbitrage

188.- Arbitres (art. 82.10). – 1°) Désignation. – Les parties désignent un arbitre unique ou un comité arbitral composé d'un magistrat et de deux arbitres. A défaut d'accord sur le choix des arbitres, ceux-ci sont désignés dans les 5 jours ouvrables de la soumission du différend à la procédure d'arbitrage selon des conditions fixées par décret. Ce décret n'a pas encore été publié. **2°) Liste.** – Les arbitres sont choisis parmi les personnes susceptibles de remplir ces fonctions et dont la liste est établie chaque année par arrêté du ministre chargé du Travail sur proposition des organisations syndicales d'employeurs et de travailleurs. Cette liste comprend des personnalités choisies en fonction de leur autorité morale et de leur compétence en matière économique et sociale. **Procédure d'arbitrage (art. 82.10 et 82.11). – 1°) Sentence**

arbitrale. – L'organisme arbitral rend la sentence arbitrale motivée dans un délai de 12 jours à compter de la réception du dossier. Ce délai peut être prorogé d'une égale durée avec l'accord des parties. La sentence est notifiée aux parties et à l'Inspecteur du Travail et des Lois Sociales par lettre recommandée avec accusé de réception dans les 48 heures. Les parties sont tenues d'exécuter la sentence. Elle ne peut faire l'objet d'autres recours que celui pour excès de pouvoir ou celui pour violation de la loi. Ce recours est porté devant la Cour suprême. **2°) Objet de la sentence.** – L'organisme arbitral statue exclusivement sur le différend mentionné par le procès-verbal de non-conciliation et sur ceux qui, résultant d'évènements postérieurs à ce procès-verbal, sont la conséquence directe du différend en cours. **3°) Méthode de jugement.** – L'organisme arbitral se prononce en droit sur les points du conflit relatifs à l'interprétation des lois, règlements, conventions collectives et accords en vigueur. Il statue en équité sur les autres différends notamment lorsque ceux-ci portent sur les salaires ou sur les conditions de travail quand celles-ci ne sont pas fixées par la loi, les règlements, les conventions ou accords collectifs ainsi que sur les différends relatifs à la négociation et à la révision des conventions collectives. **Pouvoirs de l'arbitre.** – L'organisme arbitral a les plus larges pouvoirs pour s'informer de la situation économique des entreprises et de la situation des travailleurs intéressés. Il peut procéder à des enquêtes auprès des entreprises et syndicats, requérir des parties la production de documents ou renseignements d'ordre économique, comptable, financier, statistique ou administratif susceptibles de lui être utiles. Il peut également recourir aux offices d'experts-comptables agréés et, de manière générale, à toute personne qualifiée susceptible de l'éclairer.

189.- Pouvoir du chef du Gouvernement (art. 82.13). – Le chef du Gouvernement peut, s'il estime que la grève ou le lock-out risque d'être préjudiciable à l'ordre public ou à l'intérêt général, décider de soumettre le différend au comité arbitral composé d'un magistrat et de deux arbitres suivant la procédure, les délais et les effets prévus pour la procédure normale d'arbitrage (v. *supra* n° 188). Cette possibilité est ouverte : *1)* si la grève affecte un service essentiel dont l'interruption risque de mettre en danger tout ou partie de la population, la vie, la santé ou la sécurité des personnes ; *2)* en cas de crise nationale aiguë.

Section 4. – Médiation

190.- Médiateur (art. 82.12). – Les parties désignent un médiateur selon la même procédure que celle relative à la désignation d'un arbitre. Le médiateur de la République peut être médiateur (v. *supra* n° 188). **Procédure de médiation (art. 82.12). – 1°) Rapport de médiation.** – Le médiateur convoque les parties par lettre recommandée avec accusé de réception et, dans un délai de 12 jours ouvrables, susceptible d'être prorogé d'une égale durée avec l'accord des parties, dresse un rapport motivé de ses investigations. Ce rapport établit, sous forme de recommandations, un projet de règlement des points litigieux. Il est immédiatement transmis à l'Inspecteur du Travail et des Lois Sociales qui le transmet ensuite aux parties et au ministre en charge du Travail sous 48 heures. **2°) Pouvoirs du médiateur.** – Le médiateur a les mêmes pouvoirs que l'arbitre. Toutefois, lorsqu'il constate que le conflit porte sur l'interprétation ou la violation d'une disposition légale, réglementaire ou conventionnelle, il doit recommander aux parties de soumettre les points litigieux à la juridiction compétente pour en connaître. **3°) Valeur du rapport.** – Si aucune des parties n'a manifesté son opposition à l'expiration d'un délai de 4 jours francs à compter de la notification du rapport du médiateur, les recommandations qui y figurent acquièrent force exécutoire sous réserve du dépôt de ce rapport (*v. infra* n° 191). **4°) Opposition.** – L'opposition, à peine de nullité, est formée par lettre recommandée avec accusé de réception dans les 4 jours francs à compter de la notification du rapport aux parties. Elle est adressée à l'Inspecteur du Travail et des Lois Sociales. En cas d'opposition, les conclusions de la recommandation sont rendues publiques.

Section 5. – Exécution des accords de conciliation, des sentences arbitrales et des recommandations devenues exécutoires

191.- Exécution obligatoire (art. 82.14). – L'exécution des accords de conciliation, des sentences arbitrales et des recommandations devenues exécutoires est obligatoire. Les syndicats peuvent exercer toute action qui naît d'un accord de conciliation, d'une sentence arbitrale ou d'une recommandation devenue exécutoire. **Dépôt et publication (art. 82.14). – 1°) Dépôt.** – Les minutes des accords et sentences sont déposées au greffe du tribunal du Travail du lieu du différend au jour de leur rendu. Les minutes des recommandations devenues exécutoires sont déposées au greffe du tribunal du Travail le jour suivant l'expiration du délai d'opposition ou de la mainlevée de l'opposition si celle-ci a été formée (v. *supra* n° 190). **2°) Publication.** – Les accords de conciliation, les sentences arbitrales et les recommandations devenues exécutoires sont publiés au Journal officiel et affichés dans les bureaux de l'Inspecteur du Travail et des Lois Sociales ainsi que sur le lieu de travail.

192.- Effets (art. 82.15). – Lorsqu'un accord de conciliation, une sentence arbitrale ou une recommandation devenue exécutoire porte sur l'interprétation des clauses d'une convention collective relatives aux salaires et aux conditions de travail, cet accord, cette sentence ou cette recommandation produit les effets d'une convention collective. Si l'accord, la sentence ou la recommandation est intervenu en vue de régler un différend survenu dans une branche d'activité couverte par les dispositions d'une convention collective de branche, cet accord, cette sentence ou cette recommandation doit, à la demande des organisations syndicales signataires de la convention collective étendue, faire l'objet d'un arrêté d'extension.

193.- Confidentialité (art. 82.16). – L'arbitre, le médiateur, les personnes et les experts aux offices auxquels il peut être fait appel sont tenus au secret professionnel en ce qui concerne les informations et les documents qui leur sont communiqués ainsi que les faits qui viendraient à leur connaissance dans l'accomplissement de leur mission. **Frais (art. 82.17).** – Les frais occasionnés par la procédure de conciliation, d'arbitrage ou de médiation, notamment les frais de déplacement, pertes de salaires et de traitements sont supportés, le cas échéant, par le budget de l'Etat.

TITRE 10. – Contrôle du travail et de l'emploi

Chapitre premier. – Organismes administratifs

Section 1. – Administration du travail

194.- Composition (art. 91.1). – L'administration du travail comprend l'ensemble des services qui assurent, en matière de travail, d'emploi, d'orientation, de formation professionnelle et de sécurité sociale, un rôle de conception, de conseil, d'impulsion, de coordination et de contrôle. **Missions (art. 91.1).** – L'administration du travail est chargée notamment : *1)* d'élaborer, dans le cadre des directives ministérielles, les projets de loi et de règlement relevant de sa compétence ; *2)* de veiller à l'exécution des lois et règlements ; *3*) de renseigner, d'éclairer et de conseiller les partenaires sociaux que sont les employeurs, les travailleurs ou leurs représentants ; *4)* de documenter, de conseiller, de coordonner et de contrôler les services et organismes concourant à l'application de la législation sociale ; *5)* de réaliser, en collaboration avec les autorités et organismes concernés, la meilleure organisation possible du marché du travail et d'assurer le plein-emploi ; *6)* de produire et de tenir à jour des données statistiques relatives aux conditions d'emploi, de travail et de sécurité sociale ; *7)* de suivre les relations avec les autres Etats et les organisations internationales en ce qui concerne les questions relevant de sa compétence. L'administration du travail établit et publie un rapport annuel sur les activités et services placés sous son contrôle.

Section 2. – Inspection du Travail et des Lois Sociales

195.- Mission générale de l'Inspection du Travail (art. 91.3). – L'Inspection du Travail et des Lois Sociales est chargée de toutes les questions intéressant notamment les conditions de travail, les rapports professionnels et l'emploi. **Serment et impartialité des Inspecteurs du Travail et des Lois Sociales (art. 91.4, 91.5 et 91.10). – 1°) Serment.** – Les Inspecteurs du Travail et des Lois Sociales prêtent serment devant le tribunal ou la section du tribunal du lieu de leur résidence. Le serment est le suivant : *« Je jure de bien et fidèlement remplir ma charge et de ne pas révéler, même après avoir quitté mon service, les secrets de fabrication et les procédés d'exploitation dont je pourrais prendre connaissance dans l'exercice de mes fonctions et de tenir pour confidentielle toute information signalant une infraction aux dispositions légales, réglementaires ou conventionnelles ».* Ce serment s'applique également aux élèves inspecteurs du travail et aux contrôleurs et attachés du travail. **2°) Impartialité. –** Les Inspecteurs du Travail et des Lois Sociales ne peuvent avoir aucun intérêt, direct ou indirect, dans les entreprises placées sous leur contrôle. **Mission des Inspecteurs du Travail et des Lois Sociales (art. 91.6).** – Les Inspecteurs du Travail et des Lois Sociales peuvent constater, par procès-verbal faisant foi jusqu'à inscription en faux, les infractions aux dispositions légales et règlementaires. Ils ont compétence pour faire citer tout contrevenant devant le tribunal du Travail compétent. **Pouvoirs des Inspecteurs du Travail et des Lois Sociales (art. 91.7 et 91.8). – 1°) Pouvoirs généraux.** – Aux fins de faire cesser les infractions, l'Inspecteur du Travail et des Lois Sociales peut prodiguer des conseils, donner des avertissements ou signifier des mises en demeure. En cas d'urgence, et sous réserve de recours juridictionnels administratifs, il peut également ordonner des mesures immédiatement exécutoires pour faire cesser un danger imminent pour la santé et la sécurité des travailleurs. **2°) Pouvoirs d'instruction.** – L'Inspecteur du Travail et des Lois Sociales a l'initiative de ses tournées de contrôle et d'enquête. Muni de sa carte professionnelle, il peut : *1)* pénétrer librement, à toute heure du jour ou de la nuit, et sans avertissement préalable, dans les établissements assujettis à son contrôle ; *2)* requérir les avis et consultations des médecins et techniciens, notamment en ce qui concerne les prestations d'hygiène et de sécurité ; *3)* se faire accompagner dans ses visites d'interprètes officiels assermentés, de délégués du personnel de l'entreprise, de délégués syndicaux et de membres du comité de santé et de sécurité au travail ainsi que des médecins et techniciens ; *4)* procéder à tout examen, contrôle ou enquête jugé nécessaire pour s'assurer que toutes les dispositions légales et réglementaires sont effectivement observées et notamment : *a)* interroger avec ou sans témoin l'employeur ou le personnel ; *b)* requérir la production de tout registre ou document dont la tenue est prescrite par la loi ; *c)* exiger l'affichage des avis dont l'apposition est prévue par les dispositions légales et réglementaires ; *d)* prélever et emporter aux fins d'analyse, en présence de l'employeur ou de son représentant, et contre reçu, des échantillons des matières et substances utilisées ou manipulées. A l'occasion d'une visite d'inspection, l'Inspecteur du Travail et des Lois Sociales doit informer de sa présence l'employeur ou son représentant, à moins qu'il n'estime qu'un tel avertissement risque de porter préjudice à l'efficacité du contrôle. **3°) Assistance de la force publique.** – Sur réquisition écrite constatant les difficultés rencontrées pour l'exercice de sa mission, l'Inspecteur du Travail et des Lois Sociales peut se faire assister des agents de la force publique. **4°) Frais.** – Les frais résultant de ces prérogatives sont supportés par le budget de l'Etat.

196.- Assistance des Inspecteurs du Travail et des Lois Sociales (art. 91.10). – Des contrôleurs du travail et des attachés du travail assistent les Inspecteurs du Travail et des Lois Sociales dans le fonctionnement des services. Ils sont habilités à constater les infractions par procès-verbal faisant foi jusqu'à inscription en faux. Ils adressent le procès-verbal à l'Inspecteur du Travail et des Lois Sociales compétent qui le transmet à l'autorité judiciaire compétente.

197.- Moyens de l'Inspection du Travail et des Lois Sociales (art. 91.11). – Pour l'exercice de leurs attributions, les services d'inspection du travail disposent de locaux aménagés de façon appropriée à leurs besoins et accessibles à tous les intéressés. Ils disposent en permanence de moyens en personnel et en matériel, notamment en véhicules. L'Etat prend également des mesures appropriées pour allouer aux administrateurs, contrôleurs et attachés du travail ainsi qu'aux médecins inspecteurs du travail : *1)* une indemnité forfaitaire suffisante pour le remboursement des frais de transport et de déplacement ; *2)* une indemnité de participation à la judicature ; *3)* une indemnité de risques ; *4)* une indemnité de sujétion ; *5)* et une indemnité de logement.

198.- Contrôle des mines, carrières et chantiers (art. 91.12). – Dans les mines et carrières, ainsi que dans les établissements et chantiers où les travaux sont soumis au contrôle d'un service technique, les fonctionnaires chargés de ce contrôle veillent à ce que les installations relevant de leur contrôle soient aménagées en vue de garantir la sécurité des travailleurs. Ils assurent également l'application des règlements spéciaux qui peuvent être pris dans ce domaine et disposent, à cet effet et dans cette limite, des pouvoirs des Inspecteurs du Travail et des Lois Sociales. Ils portent à la connaissance de l'Inspecteur du Travail et des Lois Sociales les mesures qu'ils ont prescrites et, le cas échéant, les mises en demeure qu'ils ont signifiées. L'Inspecteur du Travail et des Lois Sociales peut, à tout moment, demander et effectuer avec les fonctionnaires intéressés la visite des mines, carrières, établissements et chantiers soumis à un contrôle technique. **Contrôle des établissements militaires employant de la main-d'œuvre civile (art. 91.13).** – Dans les établissements ou parties d'établissement employant de la main-d'œuvre civile et dans lesquels l'intérêt de la défense nationale s'oppose à l'introduction d'agents étrangers au service, le contrôle de l'exécution des dispositions légales et règlementaires du travail est assuré par les fonctionnaires ou officiers désignés par arrêté conjoint du ministre de la Défense et du ministre chargé du Travail. La liste des établissements concernés est dressée par arrêté du ministre de la Défense et communiquée au ministre chargé du Travail.

Section 3. Inspection de la santé et sécurité au travail

199.- Composition de l'inspection de la santé et de la sécurité au travail (art. 91.16 et 91.17). – Sous l'autorité d'un médecin inspecteur du travail, l'inspection de la santé et de la sécurité au travail dispose de spécialistes en santé et sécurité au travail. Pour pouvoir exercer, le médecin inspecteur du travail doit être : *1)* titulaire du diplôme d'Etat de docteur en médecine ; *2)* titulaire d'un diplôme de médecine du travail ; *3)* inscrit au tableau de l'Ordre des médecins. **Missions de l'inspection de la santé et sécurité au travail (art. 91.15).** – L'inspection de la santé et de la sécurité au travail est chargée : *1)* de veiller à l'application de la législation relative à l'hygiène et à la protection de la santé des travailleurs ; *2)* d'exercer une action permanente en vue de la protection des travailleurs sur le lieu de leur travail ; *3)* de contrôler le fonctionnement des services médicaux ou sanitaires des entreprises ; *4)* de communiquer aux autorités et services compétents tout renseignement concernant les risques de maladies professionnelles et d'accidents du travail inhérents aux différentes entreprises ; *5)* d'assurer en coordination directe avec les services psychotechniques, médicaux et de main-d'œuvre, l'examen médical des travailleurs en vue de leur orientation professionnelle, de leur reclassement et, en cas de besoin, assurer la rééducation des travailleurs inaptes ou diminués physiquement.

200.- Pouvoirs du médecin inspecteur du travail (art. 91.18). – 1°) Pouvoirs généraux. – Le médecin inspecteur du travail dispose des mêmes pouvoirs et il est soumis aux mêmes obligations que les Inspecteurs du Travail des Lois Sociales. Il prête le même serment. Il est également autorisé à examiner les travailleurs et à faire, aux fins d'analyses, en présence de l'employeur ou de son représentant et contre reçu, des prélèvements de matières ou substances utilisées ou manipulées. **2°) Mission d'assistance de l'inspection du travail. –** Le médecin inspecteur du travail à l'initiative de ses tournées et enquêtes. Il peut obtenir, à sa demande, communication de tout renseignement, constatation, observation ou avis de l'Inspecteur du Travail et des Lois Sociales. Les visites qu'il effectue doivent lui permettre d'orienter le service de l'inspection du travail vers les solutions ou les applications de certaines techniques qui lui paraissent les mieux à même d'assurer la santé et la sécurité des travailleurs. A cet égard, il : *1)* accompagne l'Inspecteur du Travail et des Lois Sociales dans les visites que ce dernier effectue ; *2)* tient informé l'Inspecteur du Travail et des Lois Sociales des tournées et visites qu'il compte entreprendre ; *3)* communique à l'Inspecteur du Travail et des Lois Sociales ses rapports d'inspection, ses avis et conclusions ; *4)* signale au chef d'entreprise toute anomalie qui lui paraît d'une gravité immédiate et lui présente les observations qu'il juge utiles en ce qui concerne l'hygiène individuelle et l'adaptation du travailleur à sa fonction.

201.- Autres missions du médecin inspecteur (art. 91.20). – Le médecin inspecteur du travail participe à l'élaboration de la législation et de la réglementation dans les matières relevant de ses attributions. Il participe également aux travaux de tout comité ou commission et il peut être appelé à procéder, à la demande du ministre chargé du Travail ou de sa propre initiative, à des enquêtes et études. **Moyens de l'Inspection de la santé et de la sécurité au travail (art. 91.21).** – Le ministère en charge du Travail prend les mesures appropriées pour fournir à l'Inspection de la santé et de la sécurité au travail les moyens nécessaires à l'exercice de sa mission.

Section 4. – Commission de recours en matière de classement professionnel

202.- Commission (art. 91.22). – En cas de contestation relative au classement professionnel, une commission se réunit à la demande de l'une des parties en vue de déterminer le classement du ou des travailleurs en fonction de la qualification et de la fonction occupée. Cette commission, présidée par l'Inspecteur du Travail et des Lois Sociales compétent, est composée de deux représentants des employeurs et de deux représentants des travailleurs qui peuvent s'adjoindre, à titre consultatif, un ou deux de leurs collègues plus particulièrement qualifiés pour apprécier le litige. A sa demande, le travailleur peut se faire assister d'un représentant de son organisation syndicale.

Chapitre 2. – Obligations des employeurs

203.- Obligations déclaratives (1) (art. 92.1). – 1°) Principe et dérogations. – Toute personne qui envisage d'ouvrir une entreprise de quelque nature que ce soit doit, au préalable, en faire la déclaration à l'Inspecteur du Travail et des Lois Sociales compétent sous peine d'amende. Ne sont pas soumis à cette obligation lorsqu'ils n'emploient pas de travailleurs (D. n° 96-209, art. 3) : *1)* les associations de toute nature ; *2)* les syndicats professionnels ; *3)* et les établissements publics ou privés de bienfaisance. **2°) Formalisme.** – La déclaration préalable comporte (D. n° 96-209, art. 3) : *1)* les nom et adresse de l'employeur ; *2)* la nature et le siège de l'activité ; *3)* et le nombre de travailleurs. **3°) Actualisation régulière de la situation de l'entreprise.** – Une déclaration est également faite auprès de l'Inspecteur du Travail et des Lois Sociales compétent en cas de (D. n° 96-209, art. 5) : *1)* cessation temporaire partielle ou complète de l'activité de l'entreprise ; *2)* cessation définitive de l'entreprise ; *3)* changement de statut juridique ; *4)* changement de localisation de l'entreprise ; *5)* changement d'activité. Cette déclaration peut être faite préalablement à l'évènement qui la motive et au plus tard 8 jours après. **Obligations déclaratives (2) (art. 92.2).** – Tout employeur est tenu de déclarer dans les délais prescrits ses salariés aux institutions de prévoyance sociale en charge des régimes de prévoyance sociale obligatoires, sous peine de dommages et intérêts.

204.- Tenue du « registre d'employeur » (art. 92.3). – L'employeur doit tenir constamment à jour, au lieu de l'exploitation, un registre dit « registre d'employeur ». Il est tenu à la disposition de l'Inspecteur du Travail et des Lois Sociales et il est conservé pendant 5 ans après la dernière mention qui y a été portée. Ce registre comprend trois fascicules : *1)* le premier comprend les renseignements concernant les personnes et le contrat de tous les travailleurs occupés dans l'entreprise ; *2)* le deuxième comprend toutes les indications concernant le travail effectué, le salaire et les congés ; *3)* le troisième est réservé aux visas, mises en demeure et observations apposés par l'Inspecteur du Travail et des Lois Sociales ou son délégué. Toutefois, l'employeur est dispensé de la production des deux premiers fascicules s'il dispose d'un fichier électronique fiable et à jour.

205.- Déclaration des accidents du travail et des maladies professionnelles (art. 92.4). – 1°) Obligation de l'employeur. – L'employeur est tenu de déclarer à l'institution de prévoyance sociale intéressée, à l'Inspecteur du Travail et des Lois Sociales compétent et à l'officier de police judiciaire, selon les cas, tout accident du travail ou toute maladie professionnelle constatée dans l'entreprise ou l'établissement dans un délai de 48 heures. **2°) Prorogation du délai pour le travailleur déclarant.** – La déclaration peut être faite par le travailleur ou ses représentants jusqu'à l'expiration de la deuxième année suivant la date de l'accident ou de la première constatation médicale de la maladie professionnelle. **3°) Formalisme.** – La déclaration est faite sur un formulaire fourni gratuitement par la caisse de sécurité sociale sur simple demande de l'employeur. **4°) Sanction pénale.** – v. *infra* n° 208.

TITRE 11. – Responsabilités civile et pénale

Chapitre premier. – Responsabilité civile des employeurs

206.- Principe (art. 101.1). – Les employeurs sont civilement responsables des condamnations prononcées contre leurs fondés de pouvoir ou préposés pour des fautes commises dans l'exercice ou à l'occasion de l'exercice de leurs fonctions.

Chapitre 2. – Incriminations

Section 1. – Infractions commises par l'employeur

207.- Infractions aux dispositions des articles 23.3 et 41.2 du Code du travail ivoirien (art. 102.1). – L'employeur ou son représentant qui commet des infractions aux dispositions des articles 23.3 (discrimination liée à l'état de grossesse) et 41.2 (obligation de sécurité de l'employeur) encourt une amende de 500.000 à 1.000.000 de francs CFA.

208.- Omission de la déclaration requise par l'article 92.4 et autres infractions (art. 102.2). – L'employeur ou son représentant s'expose à une amende pouvant s'élever entre 500.000 et 1.000.000 de francs CFA s'il omet de procéder à la déclaration requise par l'article 92.4 (déclaration des accidents du travail et des maladies professionnelles). L'amende sera du même montant pour les infractions aux dispositions des articles 23.13 (protection des femmes et des enfants), 41.1 (santé et sécurité au travail), 92.1 (déclaration d'entreprise) et 92.2 (déclaration aux instances de prévoyance sociale).

209.- Emploi intentionnel d'un travailleur de moins de 18 ans pour un travail de nuit (art. 102.3). – L'employeur ou son représentant qui, intentionnellement, emploie pendant la nuit un travailleur de moins de 18 ans est puni d'une amende de 1.500.000 à 2.500.000 de francs CFA.

210.- Abstention d'application des mesures de protection et de salubrité édictées par l'autorité compétente (art. 102.4). – L'employeur ou le représentant de l'employeur s'expose à une amende allant de 500.000 à 1.000.000 de francs CFA.

211.- Non-production intentionnelle des documents relatifs aux moyens de contrôle de l'emploi (art. 102.5). – L'employeur ou le représentant de l'employeur s'expose à une amende allant de 1.000.000 à 2.000.000 de francs CFA.

212.- Utilisation de moyens de pression en faveur ou à l'encontre d'une organisation syndicale (art. 102.6). – L'employeur ou son représentant qui, intentionnellement, use de moyens de pression en faveur ou à l'encontre d'une organisation syndicale ou qui prend en considération l'appartenance ou non à un syndicat ou l'exercice d'une activité syndicale pour prendre ses décisions est puni d'une amende allant de 1.000.000 à 2.000.000 de francs CFA.

213.- Infraction aux dispositions relatives à l'obligation de mise en place un comité de santé et sécurité au travail (art. 102.7). – L'employeur ou son représentant qui, intentionnellement, enfreint les dispositions relatives à l'obligation de mise en place du comité de santé et de sécurité au travail est puni d'une amende allant de 500.000 à 1.000.000 de francs CFA.

Section 2. – Infractions commises par le travailleur

214.- Refus de se conformer à la réquisition (art. 102.8). – Le travailleur qui, alors qu'il occupe un des emplois figurant sur la liste des fonctions soumises à un service minimum en cas de grève, refuse intentionnellement de se conformer à la réquisition est puni d'une amende allant de 10.000 à 100.000 francs CFA.

Section 3. – Infractions communes à l'employeur et au travailleur

215.- Entraves (art. 102.9). – L'employeur, son représentant ou le travailleur qui porte intentionnellement atteinte : *1)* soit au libre exercice du droit syndical ou de la liberté syndicale ; *2)* soit à l'exercice régulier des fonctions des représentants du personnel, est puni d'une amende allant de 1.000.000 à 2.000.000 de francs CFA.

216.- Violation des dispositions des articles 51.1, 51.2 et 51.4 (droits syndicaux). – L'employeur, son représentant ou le travailleur qui se rend coupable d'une violation de l'une des dispositions relatives aux droits syndicaux est puni d'une amende allant de 1.000.000 à 2.000.000 de francs CFA.

Section 4. – Infractions communes à l'employeur, au travailleur et aux tiers

217.- Entraves (art. 102.11). – Quiconque a porté ou tenté de porter atteinte soit à la libre désignation des délégués du personnel, des délégués syndicaux ou des membres du comité de santé et de sécurité au travail, soit à l'exercice régulier de leurs fonctions, soit au libre exercice du droit syndical est puni d'une amende allant de 1.000.000 à 2.000.000 de francs CFA.

218.- Atteinte aux dispositions de l'article 23.2 du Code du travail ivoirien (art. 102.12). – Quiconque enfreint les dispositions relatives à l'âge d'accès à l'emploi des jeunes travailleurs est puni d'une amende allant de 500.000 à 1.000.000 de francs CFA.

219.- Atteinte aux dispositions de l'article 23.7 du Code du travail ivoirien (art. 102.13). – Quiconque enfreint intentionnellement les dispositions relatives au travail des femmes enceintes est puni d'une amende allant de 500.000 et 1.000.000 de francs.

220.- Infraction intentionnelle aux dispositions relatives au règlement du différend collectif (art. 102.14). – Quiconque enfreint intentionnellement les dispositions relatives au règlement du différend collectif de travail est puni d'une amende allant de 1.000.000 à 2.000.000 de francs CFA.

221.- Non-exécution de la sentence arbitrale (art. 102.15). – Enfin, la non-exécution d'une sentence arbitrale expose le contrevenant à une amende de 1.000.000 à 2.000.000 de francs CFA.

Index alphabétique

Table des matières

Questions juridiques
aux éditions L'Harmattan

Dernières parutions

QU'EST-CE QUE LE DROIT ?
Théorie syncrétique et échelle de juridicité
Barraud Boris
La définition du droit ici est d'abord lexicographique et scientifique. La théorie syncrétique réunit toutes les définitions du droit en vigueur, loin d'être concurrentes elles s'associent. Ne s'opposant plus, elles se complètent. La seconde partie interroge les dimensions du droit en mesurant le niveau de force juridique par l'application des critères de juridicité. Cette nouvelle forme de rationalité de la pensée juridique permet au juriste de s'ouvrir à tout type de normes sociales tout en sauvegardant l'autonomie conceptuelle du droit.
(Coll. Le Droit aujourd'hui, 25.50 euros, 242 p.)
ISBN : 978-2-343-13423-9, ISBN EBOOK : 978-2-14-005340-5

LA RECHERCHE DE L'ÉQUILIBRE CONTRACTUEL DANS LE CAUTIONNEMENT
Regards croisés entre le droit français et le droit OHADA
Dibangue Guy - Préface de Pascal Rubellin
Le cautionnement est actuellement la sûreté qu'exigent de préférence les banques des emprunteurs. Si le législateur français semble surprotéger la caution par rapport au créancier, c'est l'inverse qui a été retenu par le législateur OHADA. Dans les deux cas, c'est le déséquilibre entre la protection raisonnable de la caution et la préservation des intérêts des créanciers. Suivant les récentes évolutions législatives en France et en droit OHADA, cette thèse vise l'équilibre contractuel du cautionnement dans une démarche de modernisation et de rationalisation de cette sûreté.
(Coll. Droit aujourd'hui, 42.00 euros, 456 p.)
ISBN : 978-2-343-13159-7, ISBN EBOOK : 978-2-14-005369-6

LE DROIT ANIMAL
Morales Frénoy Cathy
Plus qu'un droit protecteur, le droit animal réglemente les différentes utilisations de l'animal par l'Homme. Il est un corpus juridique transversal, issu du droit international, européen et national, qui régit les rapports entre l'homme et l'animal sans toujours offrir une protection juridique souvent souhaitée. Ce guide juridique offre à tout lecteur une étude complète de cette nouvelle discipline.
(Coll. Bibliothèques de droit, 45.00 euros, 470 p.)
ISBN : 978-2-343-12873-3, ISBN EBOOK : 978-2-14-005223-1

QUESTIONS D'ACTUALITÉ EN ÉTHIQUE ANIMALE
Pelé Marie, Sueur Cédric
L'éthique animale qui désigne l'étude de notre responsabilité morale à l'égard des animaux, n'est pas une prise de position mais un questionnement en perpétuelle évolution avec notre culture et notre temps. Cet ouvrage présente plusieurs éléments de réponses aux récentes questions posées par la société sur notre rapport aux animaux. Experts et étudiants abordent onze questions d'actualité en éthique animale. Leurs échanges sont retranscrits.
(Coll. Le Droit aujourd'hui, 24.00 euros, 236 p.)
ISBN : 978-2-343-13489-5, ISBN EBOOK : 978-2-14-005382-5

JE PARLE AUX ANIMAUX
Peter Friedman
Samantha Khury écoute les animaux et leur parle. Grâce à ce dialogue, elle parvient à comprendre leur comportement et à trouver les mots qui les guérissent. Non seulement Samantha Khury comprend le langage de nos fidèles compagnons, mais, en plus, ceux-ci lui confient leurs malheurs. Des propriétaires d'animaux domestiques, des gardiens de zoo et des entraîneurs de chevaux qui l'ont consultée en sont convaincus. Nous la voyons au travail, à l'écoute d'un chat dépressif, d'un perroquet déplumé en manque d'amour ou d'une jument qui a besoin de liberté... « Dans cette Théma Arte sur les rapports entre les hommes et les animaux, *Je parle aux animaux* est le plus intéressant. Sans doute parce qu'il pose la question de la communication avec nos compagnons à quatre pattes. Peter Friedman livre des séquences étonnantes. » (*TéléObs*). « Ce documentaire étonnant parvient à nous convaincre que la frontière entre les espèces est bien mince. Quand on dit que l'homme n'est qu'un animal ! » (*Le Figaro*)
(20 euros)
ISBN : 978-2-336-31591-1

TRAITÉ DE DROIT CONSTITUTIONNEL CONGOLAIS
Esambo Kangashe Jean-Louis
Préface de El hadj Mbodji - Postface de Dodzi Kokoroko
Dans sa conception, son évolution et sa pratique, le droit constitutionnel a toujours eu du mal à s'affranchir de crises politiques. Droit de crises ou de gestion de crise, le droit constitutionnel est avant tout au service des normes, dont le respect par tous contribue au fonctionnement régulier des institutions. Placés dans le contexte congolais, les trois versants du droit constitutionnel, à savoir le droit normatif, celui institutionnel et la branche consacrée aux libertés n'ont pas toujours été en cohérence avec le constitutionnalisme.
(Coll. Études africaines, 39.00 euros, 410 p.)
ISBN : 978-2-343-12352-3, ISBN EBOOK : 978-2-14-005341-2

SUR LE CHEMIN DES SAISIES
L'huissier de justice d'hier à demain
Berthé Ibrahim
Qu'est-ce qu'un huissier de justice ? D'où vient-il ? À quoi sert-il ? Cet ouvrage tente de répondre à ces interrogations et, à travers l'histoire, de peindre les

différentes facettes de ce personnage spécifique du rouage de l'appareil judiciaire dans le temps et dans l'espace, des rives de la Seine en France jusqu'au bord du fleuve Djoliba au Mali.
(25.00 euros, 270 p.)
ISBN : 978-2-343-13501-4, ISBN EBOOK : 978-2-14-005261-3

LES TECHNIQUES D'ENQUÊTE CRIMINELLE
Typologie des crimes et constatations médico-légales
Moutassi Jean-Pierre
L'adoption de la loi de Juillet 2005 portant sur la procédure pénale démontre la volonté du gouvernement camerounais à promouvoir un état de droit. Voici un outil fondamental pour les praticiens du droit criminel : un outil de formation pour les jeunes fonctionnaires, ainsi que pour leurs aînés qui n'auraient pas eu l'occasion de vivre l'expérience des enquêtes judiciaires.
(Harmattan Cameroun, 45.00 euros, 498 p.)
ISBN : 978-2-343-13126-9, ISBN EBOOK : 978-2-14-005224-8

LES CLÉS DES ENJEUX FINANCIERS DU DIVORCE
Rond Patrice - Préface de Laurent Hincker
L'amour s'est consumé, l'argent part en fumée ! À une époque où toujours plus de couples se séparent, la finance du divorce inquiète. Comprendre ses arcanes financières, c'est pouvoir anticiper en cas de conflit au sein du couple. Comment rétablir un budget ou encore évaluer une prestation compensatoire ? À l'aide d'exemples chiffrés, l'auteur indique comment recenser et évaluer les revenus et patrimoines, et présente des méthodologies pratiques pour établir les droits respectifs des époux. L'ouvrage rend compréhensibles les procédures financières qui ont lieu dans le divorce.
(17.00 euros, 156 p.)
ISBN : 978-2-343-11633-4, ISBN EBOOK : 978-2-14-004942-2

LUTTER EFFICACEMENT CONTRE LA FRAUDE
Enjeux stratégiques et opérationnels
Sous la direction de Catherine Véret Jost et Nicolas Dufour
Lutter efficacement contre la fraude pour recycler 50 à 100 milliards d'euros par an dans la croissance économique en France, voici l'enjeu de cet ouvrage qui explicite les leviers d'actions pour y parvenir, avec des retours d'expériences de professionnels et d'académiques. Il s'adresse à tous ceux qui ont la volonté de relever ce défi.
(Coll. Perspectives organisationnelles, 38.50 euros, 392 p.)
ISBN : 978-2-343-13167-2, ISBN EBOOK : 978-2-14-005143-2

L'ENFANT EN PRISON
Sous la direction de Catherine Ménabé et Mathieu Martinelle
Depuis 1946, les femmes détenues ont la possibilité de garder à leurs côtés, en prison, leur enfant jusqu'à ses 18 mois, voire 2 ans. Si la situation est peu étudiée, et souvent méconnue, elle mérite de profondes réflexions. Quelles sont les conditions de vie de ces jeunes enfants au sein du milieu pénitentiaire ? Comment

est assuré leur développement psychomoteur et affectif malgré les contraintes carcérales ? Comment l'univers carcéral s'adapte à la présence d'enfants, non écroués mais, de fait, privés de liberté ?
(Coll. Bibliothèques de droit, 27.00 euros, 274 p.)
ISBN : 978-2-343-13051-4, ISBN EBOOK : 978-2-14-005015-2

LES TRENTE ANS DE LA LOI LITTORAL
Sous la direction de Jean-Luc Pissaloux et Anne Rainaud
La loi Littoral a maintenant plus de trente ans. Loi d'avant-garde, elle vise à concilier la protection du littoral avec le développement économique. Souvent contestée comme trop protectrice, empêchant l'urbanisation, elle est aussi considérée comme un « laisser-construire » dans les zones saturées. Ses concepts sont difficiles à interpréter et appliquer. Les défis climatiques auxquels est confronté le littoral ont impliqué la participation de géographes. La protection des cordons littoraux s'avère aujourd'hui une nécessité.
(Coll. Grale, 39.00 euros, 418 p.)
ISBN : 978-2-343-13140-5, ISBN EBOOK : 978-2-14-004988-0

CICÉRON, PÈRE DE LA CODIFICATION DU DROIT CIVIL
Gilardeau Eric
Confronté à la crise subie par la République, Cicéron cherchait une réponse au chaos des lois et aux contradictions du droit civil. Il en élabora une véritable codification. Du «De oratore» au «De officiis», il critiqua la science du droit et la soumit à la loi naturelle, avant d'instituer une méthode de codification protectrice des droits civils, dont se rapprocheront les codes civils français et autrichien. Il faut attendre les réformes du Code civil allemand de 2001 et du Code civil français de 2016 pour rejoindre Cicéron sur le rôle de la bonne foi et de l'imprévision en matière contractuelle.
(Coll. Logiques Juridiques, 26.00 euros, 248 p.)
ISBN : 978-2-343-13327-0, ISBN EBOOK : 978-2-14-004994-1

DROIT DES SOCIÉTÉS COMMERCIALES OHADA
Akam Akam André, Voudwe Bakreo
Ce livre vise à exposer, expliquer, systématiser et critiquer les règles qui régissent la constitution, le fonctionnement et la disparition des sociétés commerciales. Il montre que le droit des sociétés commerciales OHADA vise la promotion, la protection et la société judiciaire des investissements, autant qu'il tend à protéger les intérêts particuliers. En outre, il met en exergue la richesse, la variété et la modernité du droit des sociétés de l'OHADA, ainsi que l'abondance et la qualité des travaux de recherche des auteurs africains et d'ailleurs qui s'intéressent au droit OHADA.
(Coll. Dynamiques du droit OHADA, 55.00 euros, 752 p.)
ISBN : 978-2-343-12819-1, ISBN EBOOK : 978-2-14-005077-0

Structures éditoriales du groupe L'Harmattan

L'Harmattan Italie
Via degli Artisti, 15
10124 Torino
harmattan.italia@gmail.com

L'Harmattan Hongrie
Kossuth l. u. 14-16.
1053 Budapest
harmattan@harmattan.hu

L'Harmattan Sénégal
10 VDN en face Mermoz
BP 45034 Dakar-Fann
senharmattan@gmail.com

L'Harmattan Cameroun
TSINGA/FECAFOOT
BP 11486 Yaoundé
inkoukam@gmail.com

L'Harmattan Burkina Faso
Achille Somé – tengnule@hotmail.fr

L'Harmattan Guinée
Almamya, rue KA 028 OKB Agency
BP 3470 Conakry
harmattanguinee@yahoo.fr

L'Harmattan RDC
185, avenue Nyangwe
Commune de Lingwala – Kinshasa
matangilamusadila@yahoo.fr

L'Harmattan Congo
67, boulevard Denis-Sassou-N'Guesso
BP 2874 Brazzaville
harmattan.congo@yahoo.fr

L'Harmattan Mali
Sirakoro-Meguetana V31
Bamako
syllaka@yahoo.fr

L'Harmattan Togo
Djidjole – Lomé
Maison Amela
face EPP BATOME
ddamela@aol.com

L'Harmattan Côte d'Ivoire
Résidence Karl – Cité des Arts
Abidjan-Cocody
03 BP 1588 Abidjan
espace_harmattan.ci@hotmail.fr

L'Harmattan Algérie
22, rue Moulay-Mohamed
31000 Oran
info2@harmattan-algerie.com

L'Harmattan Maroc
5, rue Ferrane-Kouicha, Talaâ-Elkbira
Chrableyine, Fès-Médine
30000 Fès
harmattan.maroc@gmail.com

Nos librairies en France

Librairie internationale
16, rue des Écoles – 75005 Paris
librairie.internationale@harmattan.fr
01 40 46 79 11
www.librairieharmattan.com

Librairie l'Espace Harmattan
21 bis, rue des Écoles – 75005 Paris
librairie.espace@harmattan.fr
01 43 29 49 42

Lib. sciences humaines & histoire
21, rue des Écoles – 75005 Paris
librairie.sh@harmattan.fr
01 46 34 13 71
www.librairieharmattansh.com

Lib. Méditerranée & Moyen-Orient
7, rue des Carmes – 75005 Paris
librairie.mediterranee@harmattan.fr
01 43 29 71 15

Librairie Le Lucernaire
53, rue Notre-Dame-des-Champs – 75006 Paris
librairie@lucernaire.fr
01 42 22 67 13

www.ingramcontent.com/pod-product-compliance
Lightning Source LLC
LaVergne TN
LVHW010943061026
849535LV00007B/2546